Eva-Maria Stoppkotte/Thorsten Halm (Hrsg.)
Erfolgsfaktor Betriebsratsarbeit

Initiator, Partner und Förderer des
Deutschen Betriebsräte-Preises

Arbeitsrecht im Betrieb

Eva-Maria Stoppkotte
Thorsten Halm (Hrsg.)

Redaktion:
Christof Herrmann

Erfolgsfaktor Betriebsratsarbeit

Beispiele erfolgreicher
Interessenvertretung

Deutscher Betriebsräte-Preis 2010

Bibliografische Information der Deutschen Nationalbibliothek
Die Deutsche Nationalbibliothek verzeichnet diese Publikation in der
Deutschen Nationalbibliografie; detaillierte bibliografische Daten
sind im Internet über http://dnb.d-nb.de abrufbar.

© 2011 by Bund-Verlag GmbH, Frankfurt am Main
Herstellung: Birgit Fieber
Umschlaggestaltung: Neil McBeath, Stuttgart
Satz: Dörlemann Satz, Lemförde
Druck und Bindung: Freiburger Graphische Betriebe, Freiburg
Printed in Germany 2011
ISBN 978-3-7663-6065-6

Alle Rechte vorbehalten, insbesondere die des öffentlichen Vortrages,
der Rundfunksendung und der Fernsehausstrahlung, der fotomechanischen
Wiedergabe, auch einzelner Teile.

www.bund-verlag.de

Gute Arbeit braucht gute Betriebsräte

Arbeit ist ein zentraler Schlüssel für die gesellschaftliche Teilhabe. Menschen definieren sich über Arbeit. Deshalb müssen die Bedingungen bei der Arbeit so sein, dass auch die Arbeitnehmerinteressen hinreichend berücksichtigt werden. Und dies gelingt nur, wenn Unternehmen gute und kraftvolle Betriebsräte haben – die DANK des gesetzlich verbrieften **Mitbestimmungsrechts** Arbeitsbedingungen gestalten – in der Krise und im Aufschwung.

Die Auftragslage der Unternehmen erholt sich und Beschäftigung wird wieder aufgebaut.

Betriebsräte haben mit betrieblichen Maßnahmen – v. a. mit flexiblen Arbeitszeiten und Kurzarbeit – maßgeblich zu dieser positiven Entwicklung beigetragen.

Die Zurückhaltung bei Lohnforderungen, die Nutzung von betrieblichen Bündnissen und tariflichen Ausnahmeregelungen haben die Beschäftigungssicherung ermöglicht. Deshalb ist die Preisverleihung als erstes eine Anerkennung und Würdigung der vorausschauenden Arbeit der Kolleginnen und Kollegen in den Betriebsräten.

Allerdings müssen wir aufpassen, dass die positiven Entwicklungen nicht letztlich zu Lasten und auf dem Rücken der Schwächeren auf dem Arbeitsmarkt ausgetragen werden. Unabhängig von der konjunkturellen Lage beobachten wir einen kontinuierlichen Anstieg befristeter Arbeitsverhältnisse, zwar eine deutliche Belebung der Nachfrage nach Arbeitskräften, zu einem Drittel allerdings in der Zeitarbeit, sowie eine Öffnung der Einkommensschere und Barrieren beim Aufstieg aus dem Niedriglohnsektor.

Auch dies sind Themen, mit denen sich Betriebsräte aktiv auseinandersetzen müssen. Denn es sind Entwicklungen, die nur scheinbar außerhalb des Betriebs stattfinden. Ihre Wirkungen spüren aber alle. Es wird Druck erzeugt, der die Arbeitsbedingungen im Betrieb zu beeinflussen versucht.

Themen wie zum Beispiel: Schutz der Gesundheit, entwicklungsförderliche Arbeitsorganisation, familienfreundliche Arbeitszeiten oder Kompetenzentwicklung der Beschäftigten geraten vielfach aus dem Blickfeld oder rücken in die 2. Reihe.

Das wollen wir ändern. Wir wollen eine Arbeitskultur des Miteinanders und des sozialen Zusammenhalts. Deshalb trete ich für eine Humanisierung der Arbeitsbedingungen ein. Ich möchte, dass sich das Prinzip »Gute Arbeit« in allen Bereichen unserer Wirtschaft für Frauen und Männer, mit und ohne Zuwanderungsgeschichte, durchsetzt.

»Gute Arbeit« bedeutet erstens, die notwendigen Rahmenbedingungen schaffen: Fairer Lohn, geregelte Zeitarbeit, Frauen in Führungspositionen, gesunde Arbeit.

»Gute Arbeit« bedeutet zweitens: Die gesetzliche oder tarifliche Sicherung von Mindeststandards reicht nicht aus. Auch die Arbeitsbedingungen müssen stimmen.

Wir brauchen wettbewerbsfähige Betriebe, in denen Gute Arbeit praktisch gestaltet und gelebt wird. Für mich gibt es keinen Widerspruch zwischen Guter Arbeit und Wettbewerbsfähigkeit! Gute Arbeit ist vielmehr die Voraussetzung für Wettbewerbsfähigkeit.

Es wird eine der größten Aufgaben unserer Gewerkschaften in den Betrieben bleiben, darauf zu achten, dass das Prinzip »Gute Arbeit« für alle gilt, angefangen von der Entlohnung bis zur Wahrung und Durchsetzung von ArbeitnehmerInnenrechten.

Betriebsräte werden auch in Zukunft eine entscheidende Rolle bei der Ausgestaltung der Arbeitsgesellschaft spielen. **Mitbestimmung** bleibt dabei ein wichtiger Hebel.

Wir brauchen eine Unternehmenskultur, in der Innovationen, Produktivität und Qualität entstehen durch vertrauensvolle Zusammenarbeit, Mitwirkung und Qualifizierung der Beschäftigten und gesunde Arbeitsbedingungen. Sie erfordert aktive Betriebsräte, die die Interessen der Beschäftigten in die Diskussion um neue Wege einbringen und erfolgreich vertreten. Es geht im ureigensten Interesse der Unternehmen um gute Arbeit:
- keine Qualität ohne Qualifizierung
- keine Produktivität ohne Flexibilität
- keine Motivation ohne Beteiligung und Gesundheit.

Die Preisverleihung zeigt, dass es gelingen kann, gute Beispiele für ein konstruktives Miteinander von Unternehmen und Belegschaften zu leben und zu dokumentieren. Ich hoffe natürlich auch, dass durch die heutige Preisverleihung neue Standards gesetzt werden und ein Anreiz geschaffen wird, dem nachzueifern. Als Arbeitsminister des Landes Nordrhein-Westfalen werde ich versuchen, die notwendigen Weichen zu stellen, um die Bedingungen in der Arbeitswelt zu verbessern – »Gute Arbeit« voranzubringen.

Guntram Schneider, Minister für Arbeit, Integration und Soziales des Landes Nordrhein-Westfalen

Vorwort der Herausgeber

Unter dem diesjährigen Motto »Ausgezeichnete Praxisbeispiele – von Betriebsräten für Betriebsräte« lobte die Zeitschrift »Arbeitsrecht im Betrieb« in Zusammenarbeit mit der BetriebsräteBeratung [m]5-consulting auch in diesem Jahr wieder den Deutschen Betriebsräte-Preis aus. Die Initiatoren würdigen mit dem Preis außerordentliche Betriebsratsprojekte und deren Bedeutung für die Interessen der Beschäftigten.

Die überwältigende Resonanz auf die Ausschreibung und die zahlreichen bemerkenswerten Projekte, die eingegangen sind – und das gerade in diesem herausfordernden Jahr der Betriebsratswahlen – ist allein schon ein Erfolg. Es zeigt aber auch, wie sehr eine solche Wertschätzung notwendig und gewünscht ist.

Rund 90 Projekte haben Betriebsräte aus Betrieben aller Branchen und Größen eingereicht. In allen eingereichten Projekten spiegeln sich die Erfahrung und die Erkenntnisse der deutschen Betriebsräte wider. Die große Anzahl der eingereichten Projekte führt aber auch dazu, dass nicht jedes Projekt mit einem Preis ausgezeichnet werden konnte, obwohl viele es verdient hätten.

Weil aber jedes Projekt, das eingereicht wurde, einen besonderen Wert darstellt und für viele Betriebsräte beispielhaft sein kann, geben wir dieses geballte Wissen mit der diesjährigen Dokumentation wie auch im Vorjahr gerne an Sie, liebe Leserin und lieber Leser, weiter. Ganz getreu dem diesjährigen Motto können und sollen Betriebsräte von Betriebsräten lernen.

Die Praxisbeispiele zeigen, wie Gremien mit Situationen umgegangen sind, die im eigenen Unternehmen vielleicht gerade bevorstehen. Diese Dokumentation möchte Ideengeber sein für Projekte, Visionen und Leitbilder von Betriebsräten in ganz Deutschland. Deshalb stellen wir in diesem Buch die Projekte dar, und machen dazu Materialien wie Betriebsvereinbarungen, Betriebsrats-Zeitungen und Projektpräsentationen über einen Internet Link abrufbar.

Mit Projekten zur »Zukunftssicherung«, »Krisenbewältigung«, »Innovative BR-Arbeit«, »Nachhaltigkeit«, »Personalentwicklung« und vielen mehr verdeutlicht sich erneut die Bandbreite der modernen Betriebsratsarbeit. Viele Betriebsräte haben auch politisch und gesellschaftlich relevante Themen aufgegriffen und diese in ihren Betrieben beispielweise durch Projekte zur Bewältigung des demographischen Wandels umgesetzt.

Die eingereichten Projekte von Betriebsratsgremien aus unterschiedlichsten Branchen zeigen die Interessen von rund einer halben Million Beschäftigten in Deutschland. Sie stellen Herausforderungen dar, die Betriebsräte bewegen und für sie selbst oder die Belegschaften wichtig und aktuell sind.

Diese Dokumentation ist ein aktuelles Trendbarometer für Betriebsratsgremien, Gewerkschaftsvertreter, Berater, Politik und die interessierte Öffentlichkeit. Und während in Wirtschaft und Politik gerne das Abwenden der Betriebsräte von den Gewerkschaften diskutiert wird, zeigen die Betriebsräte hier erneut, dass viele Projekte nur in enger Abstimmung mit den Gewerkschaften erfolgreich sind.

Wir danken allen Betriebsräten, Gesamt- und Konzernbetriebsräten, Kolleginnen und Kollegen für die überwältigende Resonanz auf unsere Auslobung und freuen uns schon jetzt auf die Bewerbungen für den Deutschen Betriebsräte-Preis 2011.

Die Herausgeber

Eva-Maria Stoppkotte   Thorsten Halm
Redaktion Arbeitsrecht im Betrieb [m]5-consulting

Inhalt

Gute Arbeit braucht gute Betriebsräte —————————————— 5

Vorwort der Herausgeber —————————————————— 7

Die Jury des Deutschen Betriebsräte-Preises 2010 ——————— 13

Preisträger
Rote Karte für Schlecker – Erfolgreich gegen Lohndumping durch Leiharbeit
(Schlecker Bezirke Fürth/Herzogenaurach und Mayen) ——————— 16
Effiziente Beschäftigungssicherung in Krisenzeiten (Krones AG) ——— 23
Beispielhafte Betriebsvereinbarung eröffnet Perspektiven für Leiharbeitnehmer (IBENA Textilwerke GmbH) ———————————————— 28
Gesunde Arbeit für Supermänner und Superfrauen
(Gewoba AG Bauen und Wohnen) ———————————————— 32
Mitarbeiterbefragung als fortlaufender Prozess zur Motivation und
Verbesserung von Abläufen (Esprit Europe GmbH) ————————— 40
Erfolgreiche Krisenbewältigung in der Insolvenz
(Happich Fahrzeug- und Industrieteile GmbH) ——————————— 45
Kompetenzentwicklung für den Betriebsrat – von der Idee über das Konzept
bis zur Umsetzung (Stadtwerke Hannover AG) ——————————— 49

Nominierte
Vereinbarung zur Standortsicherung ohne Eingriff in den bestehenden
Tarifvertrag (Basell Polyolefine GmbH) —————————————— 56
Standort- und Zukunftssicherungsvertrag in Kombination mit
Neueinstellungen und Investitionen (B. Braun Melsungen AG) ———— 58
Demografischer Wandel in der EADS in Deutschland
(EADS Deutschland GmbH) ——————————————————— 61
»Wir retten uns selbst« – unkonventionelles Maßnahmenpaket sichert
Löhne und Arbeitsplätze (Ernst Kratz KG) ————————————— 64
Innovative Arbeitnehmerüberlassung schafft Vorteile für Arbeitnehmer
und Unternehmen (Heinrich Wagner Sinto Maschinenfabrik GmbH) —— 66

Weiterbildung statt Ausgliederung (Impress Verpackungen Erftstadt
GmbH & Co. KG) — 68
Mobilisierung der Belegschaft und juristische Mittel sichern Sozialplan
(mdexx GmbH) — 70

Teilnehmer
Initiative Q² – Qualitätsverbesserung durch Qualifikation
(Alfing Montagetechnik GmbH) — 78
Beschäftigungs- und Standortsicherungsvertrag bis 2015
(Andreas Stihl AG & Co. KG) — 80
Betriebliche Altersversorgung für Mitarbeiter der Audi Akademie
(Audi Akademie GmbH) — 82
Maßnahmenbündel zur Arbeitsplatzsicherung (August Koehler AG) — 84
Standorterhaltung in der Krise (Automotive Structure and Components –
Deutschland GmbH) — 86
Sport frei – eine Belegschaft bewegt sich (BASF Services Europe GmbH) — 88
Qualifikation und Weiterbildung von Betriebsräten
(B. Braun Melsungen AG) — 90
Durchführung einer »Wahlkampf-Kampagne«
zur Betriebsratswahl 2010 (B. Braun Melsungen AG) — 92
Verbreiterung der betrieblichen Interessenvertretung
bei Kleinstfilialstrukturen (Berlitz Deutschland GmbH) — 94
Flexible Arbeitszeitkonten puffern schwankende Auftragslage ab
(Broschek Service GmbH) — 96
Der BR-Flyer – ein effizientes Mittel der Öffentlichkeitsarbeit
(Conrad Schulte GmbH & Co. KG) — 98
Standortsicherungsprojekt bei der BP (Deutsche BP AG,
Erdölraffinerie Emsland) — 100
Vereinbarkeit von Beruf und Familie
(Deutsche BP AG, Erdölraffinerie Emsland) — 102
»Moving – ab jetzt gesund« (Deutsche BP AG, Erdölraffinerie Emsland) — 104
Betriebsvereinbarung über Urlaubsgrundsätze und Urlaubsplanung
(Deutsche Post AG, NL BRIEF Nürnberg) — 106
Betriebsrat kämpft für Erhalt der Mitbestimmung und gegen
Beeinflussung der BR-Wahlen 2010 (DRK Blutspendedienst West gGmbH,
Zentrum Münster) — 108
Beteiligungsorientierte nachhaltige Betriebsratsarbeit
(E.G.O Elektrogerätebau GmbH) — 110
Tarifvertrag zum Schutz vor veräußerungsbedingten Änderungen
(ENSO Energie Sachsen Ost AG) — 112

Betriebliches Eingliederungsmanagement (Evonik Degussa GmbH) — 114
»Gemeinsam geht es besser« (Evonik Power Saar GmbH) — 116
Zukunft in der Krise gestalten – gerade für junge Menschen
(Festo AG & Co. KG) — 118
Einsatz für langfristige Standortsicherung (FRIWO AG) — 120
Betriebsvereinbarung zur Arbeitszeit (GDV Dienstleistungs-GmbH & Co. KG) — 122
Variable Gehälter auf freiwilliger Basis (Hogg Robinson Germany
GmbH & Co. KG) — 124
Flexible Arbeitszeitgestaltung – vom Pilotprojekt zum Regelbetrieb
(Internationaler Bund, Verbund Baden e.V.) — 126
»miteinander arbeiten« – vertrauliche Konfliktberatung im
Unternehmen (K+S AG) — 128
Tag der Ideen (Klinikum Peine gGmbH) — 130
»Arbeitsgemeinschaft Protest« gegen die Folgen der Gesundheitsreform
(Kliniken des Landkreises Lörrach GmbH – Klinikverbund Lörrach/
Rheinfelden/Schopfheim) — 132
Blockaden und Widerstände transnationaler Betriebsratsarbeit
(Kühne + Nagel AG & Co. KG) — 134
Betriebsvereinbarung zur geförderten Altersteilzeit (KWS SAAT AG) — 136
Gefährdungsbeurteilung mit integrierter psychischer Belastung
(Mahle GmbH) — 138
Rechtsinformationen für alle Mitarbeiter (Malzer's Backstube &
Scherpel Brot) — 140
Befristete Arbeitsplätze in der Krise erhalten (Manitowoc-Crane-Group
Germany GmbH) — 142
»Start in die Ausbildung« (Merck KGaA) — 144
Betriebsvereinbarung zu Langzeitkonten (Merck KGaA) — 146
Einführung eines Betriebsrates verhindert Folgen eines
geplanten Betriebsübergangs (Mikrobiologisches Laboratorium) — 148
Prävention und betriebliches Eingliederungsmanagement
(North Sea Terminal Bremerhaven GmbH & Co.) — 150
Einführung eines neuen Prämienentgelts (Prüm Türenwerk GmbH) — 152
Unfallvermeidung durch »Handelsschuh« (REWE Markt GmbH/
Penny-Markt GmbH) — 154
Qualifizierung mit IHK-Abschluss (RTG Telefonservice GmbH) — 156
»Wahrung des Besitzstandes« (Saarbahn GmbH) — 158
Arbeitszeitgestaltung im Fahrdienst (Saar-Pfalz-Bus GmbH) — 160
Minuskonten für Qualifizierung (Saltzgitter Flachstahl GmbH) — 162
Interdisziplinäre Implementierung eines betrieblichen
Gesundheitsmanagements (Sandoz Pharmaceuticals GmbH) — 164

»Die Kündigung von Unkündbaren« (Saxas Nutzfahrzeuge Werdau AG und
FZL-Service GmbH Werdau) _____ 166
Einsatz gegen eine feste Beltquerung zum Erhalt von Arbeitsplätzen
(Scandlines Deutschland GmbH) _____ 168
Härtefonds bei Kurzarbeit (Schmitz Cargobull AG) _____ 170
Europäische Betriebsvereinbarung »Null Unfälle« (Schott AG) _____ 172
Sicherung von Logistik-Arbeitsplätzen (Schwab Versand GmbH und der
Otto Group) _____ 174
Solitarität in der Krise (Sell GmbH) _____ 176
Ganzheitliche Gefährdungsbeurteilung (SICK AG) _____ 178
Motivation der Mitarbeiter durch aktive Gestaltung der
Arbeitsbedingungen (Siemens AG, Niederlassung Hannover) _____ 180
Betriebsvereinbarung Interessenausgleich und Sozialplan
(Siemens VAI Metals Technologies GmbH) _____ 182
»Klimabeauftragte« als Stimmungsbarometer der Belegschaft
(SMA Solar Technology AG) _____ 184
Hilfe für Kollegen in Not (Stadtwerke Osnabrück AG) _____ 186
Einführung flexibler Arbeitszeit in Verbindung mit Karenztagsregelung und
sozialen Leistungen (SWE Stadtwirtschaft GmbH) _____ 188
Projekt »Titanic« – Rettungsboote für Beschäftigte
(Terex Demag GmbH & Co. KG) _____ 190
Projekt »Blockheizkraftwerk« (Volkswagen AG, Werk Salzgitter) _____ 192
Stromwechsel-Kampagne (Volkswagen AG, Werk Salzgitter) _____ 194
Personalentwicklungsmaßnahmen mit und für Betriebsräte gestalten
(Volkswagen Nutzfahrzeuge) _____ 196
Umstrukturierung und Beschäftigungssicherung in Tageszeitungs-
redaktionen (Zeitungsverlag Ruhrgebiet GmbH, Zeitungsverlag
Niederrhein, Zeitungsverlag Westfalen und Westfalenpost) _____ 198

Stichwortverzeichnis _____ 201
Firmenverzeichnis _____ 205

Die Jury des Deutschen Betriebsräte-Preises 2010

Dina Bösch
Mitglied des ver.di-Bundesvorstandes, Zuständigkeitsbereiche: Mitbestimmung, gewerkschafts-politische Bildung, Koordinierung und Steuerung der ver.di Bildungszentren

Klaus Franz
Vorsitzender des Konzern- und Gesamtbetriebsrats der Adam Opel GmbH & Vorsitzender des Europäischen Arbeitnehmer Forums (EEF) General Motors Europa

Thorsten Halm
[m]5-consulting, Berater von Betriebsräten und Gewerkschaften, Veranstalter des BetriebsräteTags in Bonn und Studienleiter des Betriebsräte-Studiums »VeränderungsManagement« in Bochum.

Dietmar Hexel
Mitglied des DGB-Bundesvorstands, zuständig für unternehmerische und betriebliche Mitbestimmung, Energie- und Umweltpolitik, für Personal, Organisationspolitik sowie den DGB Rechtschutz. Vorsitzender des DGB Bildungswerks e.V.

Dr. Thomas Klebe
Leiter des Justiziariats des IG Metall- Vorstands, Herausgeber und Autor u. a. beim Kommentar für die Praxis zum Betriebsverfassungsgesetz (Däubler/Kittner/Klebe/Wedde)

Günter Schölzel
Justitiar der IG BCE, Leiter der Abteilung Betriebsverfassung

Eva-Maria Stoppkotte
Verantwortliche Redakteurin der Zeitschrift »Arbeitsrecht im Betrieb« Juristin mit Schwerpunkt Arbeitsrecht und Mediatorin

Prof. Dr. Heinrich Wottawa
Professor an der Ruhr-Universität Bochum, Fakultät für Psychologie. Arbeitsschwerpunkt: Personalent-wicklung, wissenschaftlicher Leiter der Akademie der Ruhr-Universität

Preisträger

Rote Karte für Schlecker –
Erfolgreich gegen Lohndumping durch Leiharbeit

Betriebsräte der Schlecker Bezirke Fürth/Herzogenaurach und Mayen

---

Stichworte zum Projekt
- Engagierte Betriebsräte setzen auf kritische Öffentlichkeit und binden Politik, Medien sowie Kunden aktiv für ihre Ziele ein
- Ergebnis: Beschäftigungssicherung und Entlohnung nach Tarif

Unternehmen/Betrieb:	Schlecker, Bezirk Fürth/Herzogenaurach
	Schlecker, Bezirk Mayen
Branche:	Handel
Zahl der Mitarbeiter:	300 und 100
Gewerkschaft:	ver.di

Motiv

Die Drogeriemarktkette Schlecker führt seit 2008 Umstrukturierungen durch. Diese beinhalten u. a., dass die Filialen der Schlecker AS durch so genannte XL-Filialen ersetzt werden. Für die neuen Schlecker XL-Märkte hat das Unternehmen eine separate Gesellschaft gegründet, die anders als die AS-Filialen, nicht an den jeweiligen Einzelhandelstarif gebunden ist und in denen die Löhne deutlich unter den geltenden Tarifen liegen. Das Unternehmen hatte bereits mehrere Filialen geschlossen und dazu auch betriebsbedingte und verhaltensbedingte Kündigungen ausgesprochen. Gleichzeitig gründete Schlecker das Zeitarbeitsunternehmen MENIAR (Menschen in Arbeit bringen), das für die personelle Ausstattung der neuen XL-Filialen kostengünstigere Leiharbeiter zur Verfügung stellt. Die langjährigen Mitarbeiter aus den AS-Filialen sollten nicht übernommen werden.

Vor diesem Hintergrund und der zu befürchtenden Ausdehnung des Einsatzes von Leiharbeitskräften und damit weiteren Lohn- und Arbeitsplatzverlusten sowie bisher tariflich zugesicherten Leistungen, organisierten die Betriebsräte verschiedener Schlecker-AS-Filialen Widerstand. Dazu zählen der Betriebsrat des Bezirks Fürth/Herzogenaurach und des Bezirks Mayen.

Vorgehen

Schlecker, Bezirk Fürth/Herzogenaurach
Die Interessenvertreter des Bezirks Fürth/Herzogenaurach nahmen an einer Schulung zum Thema Leiharbeit teil. Der Arbeitgeber sah keine Notwendigkeit in dieser Schulung und kürzte den Arbeitnehmern das Gehalt. Nach kurzer Zeit gingen beim Betriebsrat die ersten MENIAR-Anhörungen nach § 99 BetrVG ein. Die Zustimmung wurde vom Betriebsrat verweigert, und es kam zu mehreren Verfahren vor dem Arbeitsgericht Nürnberg. Nachdem dem Betriebsrat die MENIAR-Tarifübersicht vorlag, wurde zudem schnell deutlich, dass die darin festgeschriebenen Löhne für die Arbeitnehmer existentiell bedrohlich waren und bei diesem Lohnniveau Aufstockung durch staatliche Leistungen notwendig sind. Mitte Dezember 2009 beschloss der Betriebsrat schließlich, das Thema öffentlich zu machen und wandte sich an Politiker, Medien sowie Kunden und Kirchenvertreter.

Schlecker, Bezirk Mayen
Einen ähnlichen Weg gingen die Betriebsräte des Bezirks Mayen. Gemeinsam mit ver.di nutzen sie ebenfalls die Öffentlichkeit, um auf die aus ihrer Sicht skandalösen Entwicklungen aufmerksam zu machen. Gestartet wurde die Aktion »Rote Karte für Schlecker«. Adressiert an den Firmeninhaber Anton Schlecker, wurden darin folgende Forderungen für die neuen Schlecker XL-Märkte aufgestellt:
- Die Beschäftigten der dadurch geschlossenen Verkaufsstellen (Schlecker AS) zu übernehmen.
- In den neuen XL-Märkten den Tarifvertrag Einzelhandel anzuerkennen und anzuwenden.
- In den neuen XL-Märkten den bisherigen Betriebsrat in diesem Bezirk anzuerkennen.

Ergebnisse
Die öffentliche Resonanz und das umfangreiche Presseecho waren für alle Beteiligten überraschend. Sehr schnell wurde das Thema auch in den überregionalen Medien aufgegriffen. Bundesarbeitsministerin Ursula von der Leyen meldete sich zu Wort und sprach sich deutlich gegen Missbrauch bei Leiharbeit und damit einhergehenden Lohnverschlechterungen für die Stammbelegschaften aus. Das Unternehmen Schlecker erklärte öffentlich, zukünftig nicht mehr mit der Leiharbeitsfirma MENIAR zusammen zu arbeiten. Darüber hinaus starteten in 2010 Verhandlungen von ver.di mit der Geschäftsleitung über die Tarifbindung bei Schlecker XL. Diese führten nach langen und zum Teil zähen Verhandlungsrunden schließlich dazu, dass mehrere Tarifverträge für die 34 000 Be-

schäftigten der Schlecker AS und der Schlecker XL GmbH abgeschlossen wurden.

Vereinbart wurde ein Tarifvertrag zur Beschäftigungssicherung bei AS, ein Vertrag zur Tarifbindung bei Schlecker XL und ein Sozialtarifvertrag für AS. Das Engagement der einzelnen Betriebsräte, zuerst auf lokaler/Bezirksebene, deren enge Zusammenarbeit mit ver.di und die gezielte Ansprache der Öffentlichkeit stellten so sicher, dass alle Schlecker-Beschäftigten nach dem Einzelhandelstarifvertrag bezahlt werden. Nicht nur mit Medien und Politik wurden dazu Kontakte geknüpft und Gespräche geführt. Auch die aktive Einbeziehung der Kunden und die Informationen über die Gefahren von Lohndumping durch den Einsatz von Leiharbeitnehmern halfen bei der Durchsetzung der Arbeitnehmerinteressen.

Materialien

ver.di-Informationen für Schlecker-Beschäftigte   2 | 2010

Information über die 1. Verhandlungsrunde

Schlecker sucht mit ver.di tarifliche Lösung

ver.di hat die Tarifverhandlungen mit Schlecker über einen Beschäftigungssicherungstarifvertrag, einen Sozialtarifvertrag und die Herstellung der Tarifbindung für die XL-Filialen am 2. März 2010 aufgenommen.

Die erste Verhandlungsrunde ist ohne Ergebnis vertagt worden. Die Gespräche gestalten sich zäh und schwierig, die jeweiligen Positionen bezüglich fast aller Inhalte der tarifvertraglichen Lösungen liegen noch weit auseinander. Die Verhandlungen werden am 31. März 2010 fortgesetzt. Dann allerdings erwarten wir ein wirklich verhandlungsfähiges Angebot.

3.2.2010: In einem von ver.di gewollten Sondierungsgespräch willigt die Geschäftsleitung von Schlecker in Tarifverhandlungen ein.

8.2.2010: Die ver.di-Tarifkommission beschließt, Schlecker aufzufordern mit uns Verhandlungen über einen Beschäftigungssicherungstarifvertrag, einen Sozialtarifvertrag und die Herstellung der Tarifbindung für XL aufzunehmen.

2.3.2010: Erste Tarifverhandlung über unsere Forderungen in Stuttgart.

5.3.2010: Die ver.di-Tarifkommission für Schlecker hatte das magere Ergebnis der ersten Verhandlungsrunde zu bewerten. Sie hat erneut bekräftigt, dass sie zu ihren zentralen Forderungen steht und mit Elan und Entschlossenheit in die Verhandlungen Ende März geht.

31.3.2010: Nächste Tarifverhandlung

Die Aktionen gehen weiter, hier in Oberhausen   Foto: Harold Henke

Unsere Forderungen stehen

Sie sind verantwortungsbewusst, vor allem aber notwendig, um den Erhalt sozial abgesicherter Arbeitsverhältnisse zu gewährleisten.

Die tarifvertraglichen Mindeststandards und die betriebliche Mitbestimmung sowohl bei AS als auch bei XL sind uns so wertvoll, dass wir sie mit allen Mitteln verteidigen werden.

Zentrale ver.di-Positionen

■ Ausschluss betriebsbedingter Kündigungen wegen Umbau/Neuausrichtung des Filialvertriebsnetzes und der Logistik beim Unternehmen Schlecker.

■ Weiterbeschäftigungsgarantie im Konzern unter unveränderten Bedingungen.

■ Erhalt der Betriebsrats-/Gesamtbetriebsrats-Strukturen AS mit XL

■ Anwendung der ver.di-Flächentarifverträge in allen Vertriebsformen und im Logistikbereich.

■ Abschluss eines Sozialtarifvertrages, der bei Schließung von Betrieben und Betriebsteilen zur Anwendung kommt.

STOP !
SO
NICHT !

Sehr geehrte Frau,
sehr geehrter Herr Schlecker!

Ich fordere Sie auf in den neuen
Schlecker XL-Märkten:

1. Die Beschäftigten der dadurch geschlossenen Verkaufsstellen zu übernehmen !
2. In den neuen XL-Märkten den Tarifvertrag Einzelhandel anzuerkennen und anzuwenden !
3. In den neuen XL-Märkten den bisherigen Betriebsrat in diesem Bezirk anzuerkennen !

_____
Name

_____
Unterschrift

An
Christa und Anton Schlecker
persönlich
Talstr. 12
89579 Ehingen/Donau

Weitere Materialien finden Sie unter: www.dbrp.de/deutscherbetriebsraetepreis/preis_2010/projekte/schlecker.php

Würdigung der Jury

Die Betriebsräte der Firma Schlecker in Fürth/Herzogenaurach und in Mayen haben mit ihren Projekten »Rote Karte für Anton Schlecker« und »Beschäftigungssicherung/Tarifgerechte Bezahlung/Leiharbeit« gemeinsam mit vielen anderen Betriebsräten, Beschäftigten und Gewerkschaft im Kampf gegen Lohndrückerei, Missbrauch von Leiharbeit und Tarifflucht einen Erfolg erzielt, der herausragend und nahezu beispiellos ist.

David gegen Goliath?

Über Discounter wissen wir vor allem, dass dort Arbeitsbedingungen herrschen, die vielfach belastend sind, wo gezielt gegen die Bildung von Betriebsräten gearbeitet wird, wo Strukturen – Tausende kleine Filialen – denkbar schlecht sind, um erfolgreich kollektive Interessenvertretung zu betreiben. Dennoch haben es die Beschäftigten und ihre Betriebsräte geschafft, das Modell »Schlecker XL« zu kippen.

Das Modell Schlecker XL

Erst Mitte der 90er Jahre wurde mit einer breit angelegten Aktion durchgesetzt, dass Schlecker seinem Personal Tarifgehälter zahlt. Anfang 2009 gründet Schlecker eine Leiharbeitsfirma, die Meniar GmbH. Nach außen selbständig, ist sie dennoch Teil des Konzerns. Diese nutzt die niedrigen Tarifentgelte nach den Tarifverträgen des CGB für Leiharbeit. Auf die Beschäftigten wird massiv psychischer Druck ausgeübt, ein Klima von Angst und Repression geschaffen. Ziel: Sie sollen zu Meniar wechseln, um dann für bis zu 50% weniger Entgelt an die neuen Schlecker XL-Filialen (eine Firma ohne Tarifbindung!) ausgeliehen zu werden.

Beispiel: Im Betrieb Mayen wurde eine Filiale geschlossen, nahezu zeitgleich eine XL-Filiale eröffnet. Beschäftigte wurden gekündigt und über Meniar als Leiharbeitnehmer bei XL eingestellt. Eine Tarifflucht, wie sie im Buche steht!

Der Aufbau einer breiten Gegenbewegung

Die Betriebsräte in Mayen und in Fürth/Herzogenaurach – und viele andere – haben den Mut, sich dagegen zur Wehr zu setzen. Es gelingt ihnen, mit lokalen, sehr kreativen Aktionen mit Unterstützung der Gewerkschaft ver.di in relativ kurzer Zeit eine breite Öffentlichkeit auf den extremen Missbrauch der Leiharbeit und die massive Verschlechterung der Arbeitsbedingungen aufmerksam zu machen. Ein Beitrag in Stern-TV findet ein riesiges Echo. Und den BetriebsrätInnen gelingt es, breite Unterstützung bei Abgeordneten und Parteien zu finden; im Herbst 2009 wird bereits über eine Änderung des AÜG diskutiert. Im Januar 2010 ist Schlecker gezwungen, Tarifverhandlungen mit ver.di aufzunehmen und kündigt offiziell die Zusammenarbeit mit Meniar auf.

Die Erfolge der Kampagne

In beispielhafter Weise ist es hier gelungen, betriebliche Konflikte nach außen zu bringen und so zu thematisieren, dass ein ungeahntes Maß an Unterstützung lokal und auf Bundesebene erreicht wurde. Die Bundesarbeitsministerin bewertet Schleckers Vorgehen als Missbrauch der Leiharbeit, die SPD-Spitze und viele andere Politik beziehen klar Position. Im Juni 2010 hat schließlich ver.di Tarifverträge mit Schlecker (Beschäftigungssicherung; Tarifbindung von Schlecker XL, Tarifsozialplan) abgeschlossen. Ein weiteres Ergebnis: gut ein Drittel der Schlecker-Beschäftigten sind gewerkschaftlich organisiert. Das ist unter den Bedingungen der Einzelhandels-Discounter beispiellos.

All das, die Durchsetzung von Tarifverträgen, die Abkehr vom Leiharbeitsmodell, die Diskussion über Missbräuche in der Leiharbeit, wäre ohne die Beschäftigten und ihre Betriebsräte nicht möglich gewesen. Sie haben nicht nur dem ungeheuren Druck standgehalten, sondern es geschafft, gemeinsam mit der Gewerkschaft so viel Druck – insbesondere auch der Öffentlichkeit – zu erzeugen, dass am Ende der Erfolg möglich wurde. Sie haben es erreicht, die Arbeitsbedingungen der Discounter anzuprangern und erstmals tarifliche Strukturen durchzusetzen. Und sie haben mit ihren Forderungen nach fairen, gerechten Arbeitsbedingungen, tariflichen Mindeststandards und betriebsrätlichen Strukturen etwas erreicht, was für viele Menschen ein tolles Vorbild ist.

Dina Bösch, Mitglied des ver.di-Bundesvorstandes

Effiziente Beschäftigungssicherung in Krisenzeiten

Gesamtbetriebsrat der Krones AG

Stichworte zum Projekt
- Kurzarbeiterregelung und Insourcing-Maßnahmen verhindern Entlassungen
- Maßnahmen zur Weiterbildung, Entlohnung und Flexibilisierung ergänzen Rahmenvertrag und sichern Arbeitsplätze

Unternehmen/Betrieb:	Krones AG, Neutraubling
Branche:	Maschinen- und Anlagenbau
Zahl der Mitarbeiter:	ca. 8200 (Deutschland)
Gewerkschaft:	IG Metall

Motiv
Der Maschinen- und Anlagenbauer Krones AG, in Deutschland das führende Unternehmen für Abfüll- und Verpackungstechnik, beschäftigt weltweit über 10 000 Mitarbeiter. Alleine in Deutschland arbeiten mehr als 8000 Menschen in fünf Werken. Bedingt durch die wirtschaftliche Entwicklung seit 2008 verzeichnete das Unternehmen im Jahr 2009 einen Auftragseinbruch von mehr als 20 %, was einem Umsatzrückgang von ca. € 500 Mio. entsprach. Damit bestand die konkrete Gefahr, dass Gehälter reduziert, tariflich vereinbarte Leistungen abgebaut werden und auch Arbeitsplätze in erheblichem Maße zur Disposition standen.

Vorgehen
Konzernleitung und Gesamtbetriebsrat führten daher frühzeitig Gespräche und Verhandlungen für eine »zukunftsorientierte Gestaltung der Beschäftigungsrahmenbedingungen für den Standort Deutschland« (Zitat aus den Bewerbungsunterlagen).

Ergebnisse
Vereinbart wurden Betriebsvereinbarungen und Regelungen für folgende Bereiche:
- Beschäftigungs- und Standortsicherung bis 31. 12. 2012: Darin wurden u. a. Regelungen zur Kurzarbeit und verschiedenen Insourcing-Maßnahmen getroffen.

- Erhöhung der Ausbildungszahlen: Trotz wirtschaftlich schwieriger Zeiten vereinbarten die beiden Parteien, dass die Zahl der Ausbildungsplätze konstant bleibt. Darüber hinaus wurden sogar Gespräche über eine Erhöhung der Anzahl von Azubis begonnen.
- Höhere Förderung der Weiterbildungs- und Qualifizierungsmaßnahmen: Die von den Beschäftigten in Eigeninitiative angestrebte Weiterbildung im Rahmen von Vollzeitmaßnahmen wird durch begrenzte unbezahlte Freistellung gefördert. Für nebenberufliche Maßnahmen stellt das Unternehmen zudem finanzielle Mittel zur Verfügung.
- Zielentgelt/Leistungsentlohnung: Laut Tarifvertrag liegt die individuelle Spanne der Leistungszulage (Zielentgelt) bei 0 bis 28%. Für Krones wurde ein Spektrum von 7 bis 30,8% vereinbart.
- Krones-Ergebnisbeteiligung (KEB): Für alle tariflichen Mitarbeiter wurde eine Ergebnisbeteiligung bis zu 60% eines Monatsentgelts festgeschrieben. Die Ergebnisplanung wird vom Vorstand und Aufsichtsrat gemeinsam festgelegt (die Regelungen für Vorstand und außertarifliche Mitarbeiter sind daran gekoppelt).
- Zeitwertkonten (Langzeitkonten): Der Arbeitgeber ermöglicht seinen Beschäftigten, bestimmte noch nicht fällige Ansprüche aus dem Beschäftigungsverhältnis zum Aufbau von Wertguthaben einzubringen. Eine separate Betriebsvereinbarung führt dazu ausführlich auf, welche Entgeltbestandteile eingebracht und wie das Wertguthaben für verschiedene Formen der Freistellung verwendet werden kann.
- Teilzeitarbeit: Zur Vereinbarkeit von Beruf und Familie und auch als Beitrag zur Erhöhung der Arbeitszufriedenheit fördert das Unternehmen Teilzeitarbeit und flexible Arbeitszeitgestaltung.
- Sabbatical (Freizeitblock): Als weiterer Baustein im Rahmen der Arbeitszeitflexibilisierung wurden Regelungen zu einem »Sabbatical« geschaffen. Dies ermöglicht den Arbeitnehmern eine befristetete »Auszeit« in Form eines verbindlich definierten Freizeitblocks zu nehmen (siehe Tabelle im Abschnitt »Materialien).
- EntgeltRahmenAbkommen (ERA): Auf Grundlage bzw. ergänzend zu den Regelungen des geltenden EntgeltRahmenAbkommens, vereinbart zwischen der IG Metall und dem Verband der Bayerischen Metall- und Elektroindustrie, einigten sich Betriebsrat und Krones-Vorstand auf folgende Verbesserungen: Zukünftige Tariferhöhungen werden weiterhin sofort und voll wirksam. Die im ERA-Tarifvertrag vorgesehene Abschmelzung der tariflichen Entgelterhöhung entfällt.

Materialien

Sabbatical (Freizeitblock)
Die Krones AG ermöglicht und fördert Teilzeitarbeit um unter Berücksichtigung der betrieblichen Erfordernisse die Vereinbarkeit von Beruf und Familie zu erleichtern. In Ergänzung der Vereinbarkeit von Beruf und Familie haben Vorstand und Gesamtbetriebsrat entschieden, zusätzlich als weiteren Baustein im Rahmen der Arbeitszeitflexibilisierung neben flexibler Arbeitszeit (Zeitkonten) „Sabbatical" in Form eines Freizeitblocks zu ermöglichen.

Kombinationsmöglichkeiten

Freizeitblock (volle Monate)	Mögliche Vertragslaufzeiten (volle Monate)	Gesamtmonatsentgelt während der Vertragslaufzeit in Prozent
1	4 bis 24	75,0 bis 95,8
2	8 bis 24	75,0 bis 91,6
3	12 bis 24	75,0 bis 87,5
4	16 bis 24	75,0 bis 83,3
5	20 bis 24	75,0 bis 79,1
6	24	75,0

Weitere Materialien finden Sie unter: www.dbrp.de/deutscherbetriebsraetepreis/preis_2010/projekte/krones.php

Würdigung der Jury

Der Gesamtbetriebsrat der Krones AG hat es in der Krise geschafft, Standorte und Beschäftigung zu sichern. Die Ausbildungszahlen sind erhöht, die Weiterbildungs- und Qualifizierungsbedingungen verbessert worden.

Die Wirtschafts- und Finanzkrise 2008/2010

Die Wirtschafts- und Finanzkrise, deren Beginn üblicherweise auf den 15.9.2008 mit dem Zusammenbruch der Investmentbank Lehman Brothers und ihrer Insolvenz nach Chapter 11 datiert wird, führte auch in der deutschen Wirtschaft zu dramatischen Verwerfungen.

In der Automobilindustrie gab es Einbrüche um bis zu 60%, und auch im Maschinenbau, zu dem die Krones AG zählt, war der Absturz dramatisch. Der Umsatz ging 2009 um ca. 23% gegenüber 2008 zurück. Die Krones AG hatte in etwa den gleichen Umsatzrückgang.

Die Strategie der IG Metall war hier »Keine Kündigungen in der Krise«. Durch die so genannte Umweltprämie für die Automobilindustrie, durch die vom Gesetzgeber erheblich erweiterten Kurzarbeitsmöglichkeiten und -subventionierungen und durch den Beschäftigungssicherungstarifvertrag sollte die Beschäftigung erhalten bleiben, auch im Interesse der Unternehmen, um nach der Krise wieder mit einer qualifizierten Belegschaft antreten zu können. Dies ist in erstaunlicher Weise gelungen. Die internationale Wirtschaftspresse hat von einem »German Beschäftigungswunder« gesprochen. So war trotz der extremen Krise der Beschäftigungsrückgang z.B. im Maschinenbau 2009 mit ca. 2,6% gegenüber 2008 relativ moderat. Eine kürzlich veröffentlichte Analyse zeigt wenig überraschend, dass die Länder die stabilste Beschäftigungsentwicklung hatten, in denen auf Kurzarbeit und Lösungen mit dem Flächentarifvertrag gesetzt wurde.

Die Vereinbarungen bei der Krones AG

Trotz des Umsatz- und auch Auftragseinbruchs um ca. 22% blieb die Beschäftigung 2009 gegenüber 2008 mit ca. 10300 Arbeitnehmerinnen und Arbeitnehmern weltweit konstant. Mit Kurzarbeit, Insourcing und teilweise mit Aufträgen, die eine Unterdeckung hatten, wurde dies erreicht.

Nun ist die Krise im Maschinenbau, wie die jüngsten Zahlen zeigen, sicher noch nicht überwunden. Gleichwohl sind die aktuellen Probleme der Krones AG vom Management, Betriebsräten und IG Metall bisher gut gemeistert worden. Ermöglicht wurde dies neben den gesetzlichen und tariflichen Regelungen vor allem durch eine Standort- und Beschäftigungssicherung für die fünf deutschen Werke bis Ende 2012.

Trotz der Krise ist es dem Gesamtbetriebsrat gelungen, darüber hinaus weitere positive Ziele zu vereinbaren:
- So wurden die Ausbildungszahlen erhöht (Quote von 6,6 %).
- Weiterbildung und Qualifizierung werden besser gefördert.
- Die Teilzeit- und Sabbatical-Möglichkeiten werden ausgedehnt, um eine bessere Vereinbarkeit von Beruf und Familie zu erreichen.
- Die betriebliche Leistungsvergütung wird verbessert und eine Ergebnisbeteiligung bis zu 60 % eines Monatsentgelts vorgesehen.
- Zudem wird ein Zeitwertkonto eingeführt, das zur Verkürzung der Lebensarbeitszeit, für Sabbaticals oder berufliche Weiterbildung eingesetzt werden kann.

Resümee

Dem Gesamtbetriebsrat der Krones AG ist in Zusammenarbeit mit dem Unternehmen und der IG Metall eine positive Antwort auf die Krise gelungen. Dies belegt meines Erachtens zwei Thesen:
- Unternehmen, bei denen die Beschäftigten aktiv an der Zukunftsplanung mitwirken, sind erfolgreicher.
- Unternehmen, die wegen der Krise nicht entlassen, sichern ihre Zukunft, weil hochqualifizierte Beschäftigte unverzichtbar sind.

Für beide Thesen liefert die Arbeit des Gesamtbetriebsrats der Krones AG einen deutlichen Beleg.

Dr. Thomas Klebe, Justitiar der IG Metall

Beispielhafte Betriebsvereinbarung eröffnet Perspektiven für Leiharbeitnehmer

Betriebsrat der IBENA Textilwerke GmbH

Stichworte zum Projekt
- Abbau von Vollzeit-Arbeitsplätzen durch zunehmende Leiharbeiterquote
- Beispielhafte Betriebsvereinbarung sichert tarifliche Arbeitsplätze und ermöglicht Leiharbeitnehmern einen leichteren Übergang in feste Anstellung

Unternehmen/Betrieb: IBENA Textilwerke GmbH, Bocholt
Branche: Textil
Zahl der Mitarbeiter: 280
Gewerkschaft: IG Metall

Motiv

Bei den IBENA Textilwerken, mit Sitz in Bocholt, verzeichnete der Betriebsrat eine Zunahme der Leiharbeitnehmerstellen. In einem als schleichend wahrgenommenen Prozess wurden dadurch immer mehr Vollzeit-Arbeitsplätze mit tariflicher Bindung abgebaut. Aus Sicht der Interessenvertretung eine nicht zu akzeptierende Entwicklung, zumal zwischen Betriebsrat und Geschäftsführung eine mündliche Absprache existierte, nach der Leiharbeitnehmer nur zur »Spitzenabdeckung« – und damit nur für kurzfristige Projekte – eingesetzt werden sollten. Die Folge: Es wurden kaum noch Mitarbeiter fest eingestellt – für den Betriebsrat ein deutliches Alarmsignal und der Auslöser, die Initiative zu ergreifen.

Vorgehen

Ziel der Interessenvertretung war es, dass die vorhandenen Leiharbeitnehmer nach einer gewissen Frist in ein festes Arbeitsverhältnis übernommen werden. Der Betriebsrat des nordrhein-westfälischen Mittelständlers ging mit dieser Forderung auf die Geschäftsführung zu, die dies aber ablehnte und Kostenargumente dagegen ins Feld führte. Aus Sicht der Arbeitgeberseite entstünden dadurch höhere Belastungen für das Unternehmen, die auch vor dem Hintergrund der angespannten Wirtschaftslage nicht zu vertreten seien. Der Betriebsrat ließ sich aber nicht von seiner Forderung abbringen und setzte dem Vorgehen der Geschäftsführung folgende Überlegung gegenüber: Demnach werde ein Leiharbeitnehmer, der schon mehr als sechs Monate im Unternehmen arbeite, wohl auch weiterhin benötigt. Die Tatsache, dass er so lange beschäftigt sei, spreche dafür, dass er sich am Arbeitsplatz bewährt habe. Daher sei es nur fair, dass er auch die Perspektive und Chance für eine dauerhafte Beschäftigung erhalte. Denn sollte der Leiharbeitnehmer in einem anderen Unternehmen die Gelegenheit zur Festanstellung erhalten, werde er IBENA wieder verlassen und fehle damit am Arbeitsplatz. Für das Unternehmen entstehe dadurch wieder ein erhöhter Aufwand, um Ersatz für diesen Arbeitsplatz zu finden. Der neue Leiharbeitnehmer müsse eingearbeitet werden, was für IBENA mit einem erhöhten Kostenaufwand verbunden sei.

Ergebnisse
Insgesamt wurden zu diesem Thema zahlreiche Gespräche und Verhandlungsrunden zwischen Arbeitgeber- und Arbeitnehmerseite geführt und – mit Unterstützung durch die IG Metall – dann auch zu einem positiven Abschluss geführt. In einer Betriebsvereinbarung wurde schließlich verbindlich festgehalten, dass Leiharbeitnehmer nur zur Spitzenabdeckung und nach Zustimmung des Betriebsrates eingesetzt werden dürfen. Spätestens nach sechs Monaten muss jedem Leiharbeitnehmer ein Angebot für eine Festanstellung unterbreitet werden. Außerdem einigten sich die Parteien auf Folgendes: Das Verleihunternehmen muss bescheinigen, dass die entliehenen Arbeitnehmer nach dem »höheren« Tarif bezahlt werden und dass hier als Grundlage nicht der Tarif der »Christlichen Gewerkschaften« gilt.

Die Ergebnisse der Verhandlungen zwischen IBENA-Geschäftsführung und dem Betriebsrat wurden durchweg positiv aufgenommen und von Betriebsräten anderer Unternehmen interessiert nachgefragt. So konnte der Betriebsrat über das Vorgehen und die Verhandlungen mit dem Unternehmen im Rahmen einer Podiumsdiskussion berichten und damit Kollegen anderer Unternehmen wichtige Hinweise zum Thema Leiharbeit geben.

Materialien
Materialien finden Sie unter: www.dbrp.de/deutscherbetriebsraete-preis/preis_2010/projekte/ibena.php

Würdigung der Jury

Der Betriebsrat der IBENA Textilwerke mit Sitz in Bocholt hat mit seiner beispielhaften Betriebsvereinbarung Perspektiven für Leiharbeitnehmer eröffnet!

Leiharbeit ist auch hier ein Thema, das nicht nur die Betroffenen, sondern auch die Betriebsräte und die Stammbelegschaften interessiert.

Leiharbeit steigt nach der Krise wieder vermehrt an

Die Beschäftigtenzahlen in der Leiharbeitsbranche sind seit 2003 kontinuierlich angestiegen. Damals hieß es noch, dass viele in Leiharbeit Beschäftigte ganz schnell ein reguläres Arbeitsverhältnis beim Entleiher erhalten werden. Dass es mit dem viel zitierten »Klebeeffekt« nicht weit her war, haben über 250 000 Leiharbeitnehmer in der Wirtschaftskrise erfahren, als sie von heute auf morgen entlassen wurden. Nachdem die Talsohle der Krise erreicht zu sein scheint, stocken die Arbeitgeber ihr Personal über Leiharbeitskräfte auf – frei nach dem Motto: Was sich in der Vergangenheit bewährt hat, wird auch bei der nächsten Krise erfolgreich sein. Nach Expertenangaben wird die Zahl der Leiharbeitnehmer mittelfristig auf 2,5 Millionen ansteigen und das bei gleichzeitiger Verdrängung der Stammarbeitsplätze.

Leiharbeit als Instrument, um Druck auf Stammbelegschaften zu erhöhen

Leiharbeit wird also nicht mehr als Instrument zur Abfederung von kurzzeitigen Auftragsspitzen genutzt, sondern um eine zweite Billiglohn-Tariflinie in den Betrieben einzuziehen und so den Druck auf die Stammbelegschaft zu erhöhen.

Denn Fakt ist: Leiharbeitnehmer verdienen bei gleicher Arbeit 30 bis 40% weniger als die Stammbeschäftigten, bei ihnen werden Arbeitsschutzbestimmungen nicht eingehalten, und sie können bei Auftragsflauten (wie in der Krise gesehen) sofort auf die Straße gesetzt werden. Dies erhöht natürlich auch den Druck auf die Stammbeschäftigten, die Angst davor haben, demnächst von Leiharbeitnehmern ersetzt zu werden.

Dagegen einzuschreiten wäre hier eigentlich Aufgabe der Politik, die aber nur sehr zögerlich in die Gänge kommt, was vermutlich an der Lobbyverbänden der Zeitarbeitsfirmen liegt.

Inhalt der beispielhaften Betriebvereinbarung

Ganz anders in die Gänge gekommen ist da der Betriebsrat der IBENA Textilwerke, dessen Projekt die Jury mit dem Bronze-Preis auszeichnet.

Der Betriebsrat der IBENA Textilwerke mit Sitz in Bocholt hat mit einer vorbildhaften Betriebvereinbarung erreicht, dass Leiharbeitnehmer nicht weiterhin Stammbelegschaften ersetzen, sondern nur noch zur Spitzenabdeckung und nach Zustimmung des Betriebsrates eingesetzt werden dürfen.

Nach zähen Verhandlungen mit dem Arbeitgeber hat der Betriebsrat erreicht, dass jedem Leiharbeitnehmer, der länger als sechs Monate im Betrieb beschäftigt ist, ein Angebot für eine Festanstellung gemacht werden muss. Betriebsrat und Arbeitgeber haben sich in der Betriebsvereinbarung darauf geeinigt, dass der Arbeitgeber nur noch mit Verleihfirmen einen Arbeitnehmerüberlassungsvertrag abschließen darf, bei denen ein höherer Tarif für die Leiharbeitnehmer gilt als bei den Christlichen Gewerkschaften.

Wie ist es dazu gekommen?

Der Betriebsrat der IBENA Textilwerke verzeichnete eine Zunahme der Leiharbeitnehmerstellen bei gleichzeitigem Abbau von immer mehr Vollzeit-Arbeitsplätzen mit tariflicher Bindung. Aus Sicht der Interessenvertretung war das eine nicht zu akzeptierende Entwicklung, zumal sich Betriebsrat und Geschäftsführung mündlich darüber geeinigt hatten, dass Leiharbeitnehmer nur zur »Spitzenabdeckung« – und damit nur für kurzfristige Projekte – eingesetzt werden sollten. Die Folge: Es wurden kaum noch Mitarbeiter fest eingestellt, die Stammbelegschaft bröckelte langsam ab. Für den Betriebsrat war das ein deutliches Alarmsignal und der Auslöser, die Initiative zu ergreifen. Mit guten Argumenten wie dem, dass es für den Betrieb viel teurer wäre, immer wieder neue Leiharbeitnehmer auf den Arbeitsplätzen einzuarbeiten als bereits altbewährte einzusetzen und dort zu belassen, ist es dem Betriebsrat nach langem Ringen gelungen, sowohl für die Leiharbeitnehmer als auch für die Stammbeschäftigten eine Perspektive zu schaffen.

Eva-Maria Stoppkotte, verantwortliche Redakteurin »Arbeitrecht im Betrieb«

Gesunde Arbeit für Supermänner und Superfrauen

Gesamtbetriebsrat und Betriebsrat der Gewoba AG Wohnen und Bauen

---

Stichworte zum Projekt
- Software-Umstellung verschärft Arbeitsüberlastung und negativen Stress
- Sensibilisierung von Belegschaft und Unternehmensleitung für die Risiken zunehmender Belastungen und Entwicklung von langfristigen Gegenmaßnahmen zur Verbesserung der Arbeitssituation

Unternehmen/Betrieb:	Gewoba AG Wohnen und Bauen, Bremen
Branche:	Wohnungswirtschaft
Zahl der Mitarbeiter:	ca. 410
Gewerkschaft:	IG BAU/ver.di

Motiv

Der Betriebsrat des Bremer Unternehmens stellte bereits seit 2008 immer häufiger fest, dass in der Belegschaft zunehmend Überlastung und negativer Stress beklagt wurden. In einer Betriebsratssitzung im Herbst 2009 wurden als mögliche Ursachen u. a. benannt, dass Personal abgebaut wurde, neue Controlling-Systeme zusätzliche Arbeit bedeuten und für neue Projekte keine Entlastung am Arbeitsplatz erfolgte. Als eindeutige Indizien für diese Überlastung wurden die zunehmende Anzahl der Überstunden und die ungewöhnlich hohe Zahl der Langzeitkranken in bestimmten Berufsgruppen bewertet.

Hinzu kam, dass die Unternehmensleitung entschieden hatte, eine umfangreiche Umstellung im Software-System vorzunehmen. Dadurch sollten die Ablauforganisation verbessert und operative Prozesse effizienter gestaltet werden. Aus Sicht des Betriebsrats und vor dem Hintergrund der bereits festgestellten Belastung der Arbeitnehmer befürchtete der Betriebsrat eine weitere Verschlechterung der Arbeitsbedingungen und eine kontinuierliche Verletzung des Arbeitsschutzes.

Vorgehen

Der Betriebsrat nutzte diese »Krise« (unzumutbare Anzahl von Überstunden im Zusammenhang mit der Software-Einführung) mit zwei Zielrichtungen: Die Unternehmensleitung sollte selbst erkennen, dass die bestehende Situation nicht länger zu verantworten sei und dass gesunde Arbeit eine wichtige Voraussetzung für effiziente Arbeit ist. Bei der Belegschaft sollte das Bewusstsein geschärft werden, dass Arbeit krank machen kann und dass dies nicht akzeptiert werden muss. Die Kollegen sollten dafür sensibilisiert werden, persönliche Abhilfemaßnahmen bei Überlastung zu ergreifen.

Im Rahmen eines umfangreichen Brainstormings hat der Betriebsrat dann Ursachen für die Überlastung zusammengestellt und mögliche Abhilfemaßnahmen entwickelt. Dazu zählen:

- Verstärkte Arbeit im Arbeitsausschuss: Die erkannten Defizite wurden konsequent im Arbeitsausschuss behandelt, Kollegen dafür weiterqualifiziert und aktiv unterstützt.
- Externe Beratung: Der Betriebsrat hat externe Beratung durch die Arbeitnehmerkammer Bremen eingeholt.
- Strukturiertes Auswahlverfahren für neue Fachkraft für Arbeitssicherheit: In Gesprächen mit der Unternehmensleitung wurde vereinbart, dass eine externe Fachkraft für Arbeitssicherheit bestellt werden konnte.
- Umfrage bei den Hauswarten organisiert – Gefährdungsanalyse vereinbart: Eine strukturierte Befragung unter den Hauswarten zeigte erhebliche Defizite im Arbeitsschutz. Vereinbart wurde, dass für deren Arbeitsplätze in 2010 eine umfassende Gefährdungsanalyse durchgeführt wird.
- Information durch Experten-Vortrag auf der Betriebsversammlung
- Kontinuierliche Information der Belegschaft in Form von Kurzinfos und über das Firmenintranet
- Betriebsvereinbarung zum Ausgleich von Überstunden
- Betriebsvereinbarung zum Gesundheitsmanagement

Ergebnisse
Mit den verstärkten Aktivitäten im Arbeitsausschuss hat der Betriebsrat erreicht, dass die wichtigen Themen Gefährdungsanalyse und Gesundheitsmanagement im Arbeitsprogramm des Ausschusses integriert werden. Mit der Bestellung einer externen Fachkraft für Arbeitsschutz wurde ein Partner gewonnen, der die Interessen des Betriebsrates unterstützt.

Die kontinuierliche Auswertung der Arbeitszeitsalden und die laufende Information der Belegschaft haben dazu geführt, dass das Bewusstsein in der Belegschaft für die Gefahren von Arbeitsüberlastung gestärkt wurde. Zudem konnte auf der Unternehmensseite erreicht werden, dass für Führungskräfte Schulungen zum Thema Fürsorgepflicht und Arbeitszeitregelung erfolgen. Mit der Betriebsvereinbarung zum Überstundenausgleich hat die Geschäftsführung anerkannt, dass Überstunden in dem bisherigen Maße zukünftig vermieden werden.

Auf dieser Grundlage wird der Betriebsrat die Aus- und Fortbildung für den Bereich Arbeitsschutz weiterverfolgen, das vorhandene Netzwerk ausbauen und die Arbeit im Arbeitsschutzausschuss fortsetzen. Ziel ist die Einführung eines Gesundheitsmanagements und konsequente Vorbeugung von Arbeitsunfähigkeit.

Materialien

- 4 -

URSACHEN UND INDIZIEN	MÖGLICHE ABHILFEMAßNAHMEN
- Kollegen kommen krank zur Arbeit – aufgefordert - schlechte Arbeitsplanung (persönlich)	**Arbeitsschutzausschuss:** - von Krankenkasse Arbeitsunfähigkeitsanalyse machen lassen - Sensibilisierung der Kollegen, dass zu viel Arbeit und Stress krank machen - Möglichkeit einer Überlastungsanzeige kommunizieren - Schulungen „Selbsthilfe am Arbeitsplatz" (Umgang mit Info, Zeitmanagement etc......) - Aufklärung der Kollegen (gesundheitliche Folgen) - aktive Gesundheitsförderung
- keine Entlastung bei SAP-Einführung (andere Projekte?!) - erhöhter Leistungsdruck, Vorgaben – Ziele - zunehmende Anzahl von Mehrarbeit und Überstunden zunehmende Sonntags- und Feierabendarbeit – schlechte Vorbilder	**Arbeitsschutzausschuss:** Der BR fordert Einhaltung der Arbeitszeitregelungen des Arbeitszeitgesetzes (auch Pausen), der Betriebsvereinbarung und des Tarifes
- Arbeitsverdichtung - Handy-Rufumleitung für Hauswarte und Bauleiter - ungerechte Arbeitsverteilung (z. B. Hauswarte)	**Arbeitsschutzausschuss:** Durchführung einer Gefährdungsanalyse (z. B. Hauswartarbeitsplätze)
- Arbeitsplatzabbau im operativen Bereich - neue Controllinginstrumente/mehr Arbeit - Vertretungsregelungen klappen nicht mehr	**Personalplanung 2010 und ff:** - genaue Prüfung des Sachverhalts - Personalplanung Nachfolge/Vertretungen - monatlich Überstunden/Mehrarbeit, „Umbuchungen" geben lassen „richtige" Freistellung für Sonderaufgaben

- 5 -

URSACHEN UND INDIZIEN	MÖGLICHE ABHILFEMAßNAHMEN
- Führung erfolgt durch Kontrolle - kein gemeinschaftliches Handeln	**Weiterbildungsplan 2010** Weiterbildung für die Führungskräfte - Schulungen „Selbsthilfe am Arbeitsplatz" (Umgang mit Info, Zeitmanagement …..) - Aus- und Weiterbildung der Führungskräfte – Wertschätzung
- Veränderungsprozesse ohne Kommunikation - Angst vor Veränderungen/Unbekanntem - negative Botschaften - Eindruck von „Planungslosigkeit" der Vorgesetzten – „alles kurzfristig" - Informationsüberflutung	**Interne Kommunikation:** - transparente Planung
- Ausbilder haben zunehmend weniger Zeit für die Azubis - „Azubis sind immer häufiger Lückenbüßer" – schlechte Organisation	**Zusammenarbeit mit der JAV**
- Arbeitssucht?	**Betriebsvereinbarung Sucht**

Aus der Clusterung wird deutlich, dass der Arbeitsschutzausschuss eine maßgebliche Funktion für die Abhilfemaßnahmen hat. Der Betriebsrat hat seine Aktivitäten im Arbeitsschutzausschuss Mitte 2009 erheblich verstärkt.

Weitere Materialien finden Sie unter: www.dbrp.de/deutscherbetriebsraetepreis/preis_2010/projekte/gewoba.php

Würdigung der Jury

Der Betriebsrat der Gewoba AG Wohnen und Bauen wird für sein Engagement im Betrieb und ihr Projekt »Gesunde Arbeit für Supermänner und Superfrauen« mit dem Sonderpreis »Gute Arbeit« ausgezeichnet.

Mitbestimmte, Gute Arbeit ist eine Grundbedingung für engagierte Belegschaften, deren Potenziale sich voll entfalten können und die Verantwortung übernehmen wollen. Nur wenn Gute Arbeit für die Beschäftigten die Regel ist, ihr Ideenreichtum, ihr Wissen und ihr Können im Fokus stehen, können Unternehmen nachhaltig wachsen.

Darüber hinaus ist mitbestimmte, Gute Arbeit ein Beispiel für gelebte Demokratie in den Betrieben. So gab es bei den letzten Betriebsratswahlen eine höhere Wahlbeteilung zu verzeichnen als bei manchen Landtagswahlen und auch bei der Bundestagswahl von 2009.

Die Beschäftigten sind dabei die kompetente Instanz, ihre Arbeitsbedingungen zu beurteilen. Die Arbeitnehmerinnen und Arbeitnehmer kennen die Bedingungen, unter denen sie arbeiten, genauer als jeder andere. Sie und die von ihnen gewählten Vertreter/innen im Betriebsrat und Aufsichtsrat sind die bestinformierten Experten der Arbeit: Wer wissen will, was die Beschäftigten zermürbt, was ihnen weiterhilft und welche Ansprüche sie stellen, muss zuallererst die Beschäftigten nach ihrem Urteil fragen. Das tun die Gewerkschaften seit 2007 unter anderem mit dem DGB-Index Gute Arbeit. Einem innovativen Instrument, das die Sicht der Beschäftigten auf ihre Arbeitsbedingungen in den Mittelpunkt stellt und so die Grundlage für konkrete Verbesserungen bildet.

Daher hat es der Betriebsrat mit der Kollegin Maren Bullermann – die übrigens im Dezember 2008 zur Aufsichtsrätin des Monats gewählt wurde – und dem Kollegen Windt an der Spitze in Angriff genommen, die Situation in ihrem Betrieb zu verbessern. Denn seit nunmehr fast zwei Jahren stellt der Betriebsrat immer häufiger fest, dass die Kolleginnen und Kollegen über zunehmende Überlastungen und negativen Stress klagen. Darüber hinaus wurde eine sehr hohe Anzahl an Überstunden sowie eine ungewöhnlich hohe Anzahl an Langzeitkranken registriert. All das sind Anzeichen für die große Überlastung.

Wie ist der Betriebsrat damit umgegangen?
1. In der »Krise« sah er eine Chance zur Trendwende. Die Unternehmensleitung sollte selbst erkennen, dass gesunde Arbeit eine notwendige Voraussetzung für effiziente Arbeit ist.
2. Das Bewusstsein der Belegschaft, dass Arbeit krank machen kann und dass krank machende Arbeit nicht akzeptiert werden muss, sollte geschärft werden.

Wie wurden die Aufgaben angegangen?

Der Betriebsrat hat sich auf drei Schritte konzentriert: eine Umfrage, dann die Verbreitung dieser Informationen und schließlich wurde das, was es zu verbessern galt, in Betriebsvereinbarungen mit der Unternehmensleitung festgehalten.

Doch wie sahen die Schritte im Einzelnen aus?

In der Umfrage wurden konkrete Fragen gestellt, die auch wir im eingangs erwähnten DGB-Index Gute Arbeit stellen. Damit war es möglich, genau herauszufinden »wo der Schuh drückt«.

Daraufhin wurden die Ergebnisse im Unternehmen, bei der Leitung und bei den Beschäftigten, durch gezielte Information im Intranet und auf der Betriebsversammlung bekannt gemacht. So konnte die nötige Sensibilität für das Thema hergestellt werden.

Als letzter und vielleicht sogar wichtigster Schritt wurde erreicht, gemeinsam mit der Unternehmensleitung die Grundlage für eine nachhaltige Veränderung der Organisationsstruktur zu legen. Das wird in der Präambel der »Betriebsvereinbarung zum Ausgleich von Überstunden im ersten Halbjahr 2010« deutlich.

Sie haben erreicht, dass die Themen Gefährdungsanalyse und Gesundheitsmanagement nunmehr im Arbeitsprogramm des Arbeitsschutzausschusses integriert sind. Die kontinuierliche Auswertung der Arbeitszeitsalden und der Publikation dieser Daten in Kurzinfos, im Intranet und in Betriebsversammlungen führte dazu, dass die Kolleginnen und Kollegen erkannt haben, dass sie einen Anspruch auf gesunde Arbeit haben und Überlastungen thematisieren können.

Darüber hinaus hat es der Betriebsrat geschafft, die Unternehmensleitung an ihre Verantwortung für die Arbeitnehmer zu erinnern. So wurden Anfang 2009 Schulungen für Führungskräfte durchgeführt, um diese für die Themen Fürsorgepflicht und Arbeitszeitregelungen zu sensibilisieren. Zusätzlich wurde erreicht, dass die Unternehmensleitung in einer Betriebsvereinbarung unternehmensöffentlich erklärt, dass Überstunden in diesem Umfang zukünftig vermieden werden sollen.

Im Zusammenhang mit dem Ausgleich von Überstunden, besteht nun die Möglichkeit für nachhaltige organisatorische Veränderungen zu sorgen.

Das Engagement des Betriebsrates darf man in jeder Hinsicht als vorbildlich bezeichnen.

Dietmar Hexel, Mitglied des DGB-Bundesvorstands

Mitarbeiterbefragung als fortlaufender Prozess zur Motivation und Verbesserung von Abläufen

Betriebsrat der Esprit Europe GmbH

> *Stichworte zum Projekt*
> - Mitarbeiterbefragung schafft solide Grundlage, um Stärken zu benennen und »Problemzonen« für Folgemaßnahmen zu identifizieren
> - Durchführung aller Aktionen und Maßnahmen in enger Abstimmung zwischen Betriebsrat und Personalleitung
>
> *Unternehmen/Betrieb:* Esprit Europe GmbH, Ratingen
> *Branche:* Groß- und Außenhandel
> *Zahl der Mitarbeiter:* ca. 1200

Motiv

Im Sommer 2008 wurde bei dem Modeunternehmen Esprit Europe GmbH, mit Sitz in Ratingen, eine Mitarbeiterbefragung durchgeführt, um einerseits Stärken des Unternehmens abzufragen und andererseits Defizite und Verbesserungsmöglichkeiten identifizieren zu können. Auf der Grundlage dieser Ergebnisse wurden dann, ergänzt durch Workshops und Seminare mit den Beschäftigten in 2009/2010, konkrete Handlungsfelder für Veränderungen bestimmt und Maßnahmen beschlossen, um Verbesserungsmaßnahmen umzusetzen.

Vorgehen

Die Befragung sowie alle weiteren Aktionen wurden in enger Zusammenarbeit zwischen Betriebsrat und Personalabteilung geplant, durchgeführt und umgesetzt. Ein Kölner Marktforschungsinstitut entwickelte dazu eine Online-Befragung mit rund 70 Fragen zu verschiedenen Themenbereichen. Durch eine Betriebsversammlung, Aushänge und Mitteilungen über das Intranet wurden alle Mitarbeiter über die anonyme Befragung informiert. Insgesamt nahmen 60 % der Belegschaft daran teil. Bereichsübergreifende Ergebnisse wurden öffentlich präsentiert und bereichsbezogene Ergebnisse wurden allen Mitarbeitern innerhalb ihre Bereiche zugänglich gemacht.

Ergebnisse
Die Auswertung der Befragung und der Workshops zeigte positiven Rücklauf und Befürwortung zu folgenden Bereichen: Kultur/Identifikation/Umgang, Leistungsbereitschaft/Bindung und Stolz, Tätigkeit, Führungsverhalten (überwiegend). Als Verbesserungsfelder wurden benannt: konstruktives Konfliktmanagement, Entwicklungsmöglichkeiten und Beförderungspraxis, Arbeitsabläufe/Effizienz/übergreifende Kooperation und Information.

Im Anschluss an Befragung und Workshops wurden direkt folgende Maßnahmen umgesetzt: Feedback an Führungskräfte, Entwicklungsmaßnahmen für Teams und Führungskräfte, regelmäßige Teammeetings, Initiierung bereichsübergreifender Kommunikation, Meeting mit allen Beteiligten (Was haben wir gelernt?), Feedback an die Geschäftsführung.

Nachfolgend wurden weitere Entwicklungsmaßnahmen für Teams und Führungskräfte getroffen und ein Seminarkatalog für »Problemzonen« erstellt.

Eine weitere Mitarbeiterbefragung ist bereits für 2011 geplant, um dann zu überprüfen, inwieweit die beschlossenen Maßnahmen gegriffen haben.

Materialien

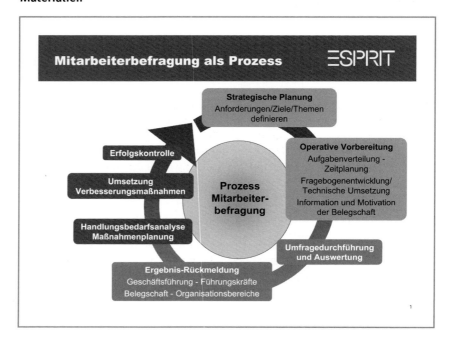

Weitere Materialien finden Sie unter: www.dbrp.de/deutscherbetriebsraete-preis/preis_2010/projekte/esprit.php

Würdigung der Jury

Der Betriebsrat von Esprit mit Sitz in Ratingen hat mit seinem Projekt nicht nur ein Beispiel einer gut gelungenen und soliden Mitarbeiterbefragung vorgelegt, sondern er hat durch die Ableitung und Durchführung konkreter Maßnahmen damit auch ein innovatives Meisterstück fortschrittlicher Betriebsratsarbeit abgeliefert. Dass er sich hierbei der Unterstützung externen Sachverstandes bedient hat, ist Zeichen seiner Professionalität.

Was verstehen wir unter »Innovation«?

Als Innovation bezeichnet man eine signifikante Veränderung des Status Quo eines Systems, welche gestützt auf neue Erkenntnisse, Verhaltensweisen, Methoden und Technologien, direkte oder indirekte Verbesserung des Systems bewirken. Das ist im vorliegenden Fall offensichtlich gelungen.

Innovativer Geist bei ESPRIT

1968 verkauften die Gründer Susi und Douglas Thompson ihre Ware aus einem Kombi heraus. Heute hat das Unternehmen über 800 selbstverwaltete Retail Stores und vertreibt seine Produkte über mehr als 14 000 *Wholesale POS*-Standorte in 40 Ländern, baut SOS-Kinderdörfer in Indien und setzt sich für Nachhaltigkeit ein. Hier kann man von einem innovativen Geist sprechen und einer ständigen und kontinuierlichen Verbesserung, die in diesem erfolgreichen Unternehmen herrscht.

Der Betriebsrat hat es sich zur Aufgabe gemacht diesen Geist der Innovation im Sinne der Mitarbeiter wach zu halten und zu stärken!

Innovative Betriebsratsarbeit für die Mitarbeiter

Das vom Betriebsrat initiierte und maßgeblich vorangetriebene Projekt setzt auf Mitbestimmung der aktiven Mitarbeiter-Beteiligung. Die schriftliche Vollbefragung erfuhr einen sehr hohen Rücklauf! Auf Basis der Auswertung und Analyse der Ergebnisse wurden die anschließenden Workshops in allen Abteilungen durchgeführt, um noch intensiver in den Dialog mit den Mitarbeitern zu treten und konkrete Maßnahmen zur Verbesserung Arbeitsbedingungen abzuleiten.

Die durchgängig enge Zusammenarbeit und Kommunikation zwischen Betriebsrat, Geschäftsleitung und Personalbereich waren maßgeblich für den Erfolg der Befragung und die Umsetzung der Ergebnisse.

Miteinander statt gegeneinander zum Wohle der Mitarbeiter und damit auch des Unternehmens, das war das Motto für eine vorbildliche, gestaltende und aktive Mitbestimmungsarbeit bei Esprit.

Thorsten Halm, [m]5-consulting, Berater von Betriebsräten und Gewerkschaften

Erfolgreiche Krisenbewältigung in der Insolvenz

Betriebsrat der Happich Fahrzeug- und Industrieteile GmbH

Stichworte zum Projekt
- Betriebsrat als Initiator einer umfassenden Reorganisation im Unternehmen
- Im Zusammenspiel mit Führungskräften, externer Beratung, Gewerkschaft und Insolvenzverwalter werden Arbeitsplätze gesichert und Sozialplan und Interessenausgleich durchgesetzt

Unternehmen/Betrieb:	Happich Fahrzeug- und Industrieteile GmbH, Wuppertal
Branche:	Innenausstattung für Nutzfahrzeuge
Zahl der Mitarbeiter:	ca. 130
Gewerkschaft:	IG Metall

Motiv

Nach massiven Auftragseinbrüchen und aus Sicht der Belegschaft falschen unternehmerischen Entscheidungen stehen die Happich Fahrzeug- und Industrieteile (HFI), Wuppertal, im Herbst 2008 vor der Zahlungsunfähigkeit. Der Betriebsrat fordert die HFI-Geschäftsführung auf, entsprechende Strategien und Vorgehensweisen mitzuteilen, um so auf die weiteren Entscheidungen einwirken zu können.

Im Laufe der folgenden Monate finden verschiedene Gespräche mit Gläubigern und Lieferanten statt, und auch politische Entscheidungsträger werden mit eingebunden, um ein Fortbestehen des Unternehmens zu gewährleisten. Am 1.07.2009 stellt das Unternehmen Antrag auf Eröffnung des Insolvenzverfahrens.

Vorgehen

Trotz mehrfacher Versuche des Betriebsrates die Folgen der Insolvenz mit möglichst geringen Nachteilen für die Belegschaft abzumildern, plant die alte Unternehmensleitung eine deutliche Reduzierung der Arbeitsplätze von 150 auf 101. Ein schlüssiges strategisches Konzept ist darin für den Betriebsrat nicht erkennbar. Bereits vor der akuten Krise gab es aus Sicht des Betriebsrates verschiedene Defizite im Unternehmen. Diese betrafen die Aufbau- und Ablauforganisation, unzureichende Strategien zur Markbearbeitung, eine zum Teil nicht transparente Kostensituation und einen nicht auf das Geschäft passenden Personalbestand. Umgehend prüft der Betriebsrat die Möglichkeit, mit einem externen Beratungsunternehmen und mit Unterstützung der IG Metall ein Weiterführungskonzept in und für die Zeit nach der Insolvenz zu entwickeln. Der Betriebsrat bedeutet dem vorläufigen Insolvenzverwalter, dass eine reine Personalanpassung, um Kosten zu reduzieren, auf Widerstand treffen wird. Der Betriebsrat bietet aber an, aktiv bei einer strategischen Neuausrichtung und Reorganisation des Unternehmens mitwirken. Vorrangiges Ziel: Die Handlungsfähigkeit von HFI erhalten und Arbeitsplätze sichern.

Eine Belegschaftsinitiative wird gegründet, die ihre Zustimmung für die Erstellung eines Weiterführungskonzeptes gibt. Das externe Beratungsunternehmen, Betriebsrat und Führungskräfte des Unternehmens arbeiten eng zusammen, um die Zahl der Freistellungen zu minimieren und neue Chancen für den Fortbestand des Unternehmens zu entwickeln. Der Betriebsrat schafft es zudem, dass bei der Neubesetzung des Geschäftsführerpostens sein Favorit in leitender Position eingesetzt wird. Parallel laufen die Abstimmungen zwischen Insolvenzverwalter, Interessenvertretung und Geschäftsführung über die neue Organisation und Struktur des Unternehmens. Die Verhandlungen über Interessenausgleich und Sozialplan werden aufgenommen. Dabei kann die Reduzierung der Arbeitsplätze deutlich gegenüber dem Konzept der alten Geschäftsführung verringert werden, sodass Ende 2009 immer noch 130 Arbeitsplätze im Unternehmen bestehen. Bis Ende des Jahres entwickeln sich die Chancen für einen Verkauf und damit den Fortbestand der meisten Arbeitsplätze positiv.

Ergebnisse

Nach Verhandlungen mit einem Kaufinteressenten, die im April 2010 abgeschlossen werden, liegt zum Zeitpunkt der Einreichung der Bewerbungsunterlagen ein Kaufvertrag für die HFI vor. Die Stellungnahmen des neuen Betriebsrates liegen zu diesem Zeitpunkt noch nicht vor, werden aus Sicht des vorhergehenden Betriebsrates allerdings so bewertet, dass eine Zustimmung zum Kaufvertrag erfolgen wird. Im März und April 2010 handelt der Betriebsrat zudem einen Interessenausgleich und Sozialplan für weitere 14 Beschäftigte aus, die sich seit dem 1. Mai 2010 in einer Transfergesellschaft befinden. Trotz dieses erneuten Einschnitts wird der Betriebsrat im April 2010 bei den Betriebsratswahlen mit einer über 90-prozentigen Wahlbeteiligung deutlich bestätigt.

Materialien

Materialien finden Sie unter: www.dbrp.de/deutscherbetriebsraete-preis/preis _2010/projekte/happich.php

Würdigung der Jury

Der Sonderpreis in der Kategorie Krisenbewältigung geht an den Betriebsrat der Firma Happich F & I in Wuppertal. Der Begriff der »Krisenbewältigung« wird dabei nicht annähernd dem gerecht, was die Betriebsräte dieses Unternehmens zur Überwindung der Unternehmenskrise bei Happich geleistet und letztlich für seine Zukunft auch erreicht haben. Dieser Preis anerkennt dabei nicht nur die besondere Leistung der Betriebsräte. Er ist zugleich Symbol für die Erfolge des deutschen Systems der Interessenvertretung und kennzeichnet damit einen echten Standortvorteil.

Was war geschehen?

Im Spätsommer 2008 wurde bei der Firma Happich offensichtlich, dass falsche unternehmerische Entscheidungen und unklare Unternehmensorganisationen ein Unternehmen in den Ruin führen, wenn weitere äußere Einflüsse dazu kommen. Der Beginn der Wirtschafts- und Finanzkrise traf die Firma Happich zu einem Zeitpunkt, als sie ohnehin aufgrund ausgeschöpfter Kreditlinien in einer schwierigen Situation stand. Versuche des Managements, über Lieferverträge und Landesbürgschaften der Situation Herr zu werden, waren nicht erfolgreich. In dieser schwierigen wirtschaftlichen Lage traten auch organisatorische Probleme deutlich zutage.

Das Management wollte, wie häufig in diesen Fällen, ausschließlich mit einem drastischen Personalabbau reagieren. Ein schlüssiges, strategisches Konzept zur Reorganisation des Unternehmens war für den Betriebsrat nicht erkennbar.

Der Betriebsrat entschloss sich, in dieser Situation selbst die Initiative zu ergreifen. In Zusammenarbeit mit der örtlichen Gewerkschaft und einem Beratungsunternehmen wurden Weiterführungskonzepte für die Zeit in und nach der Insolvenz entwickelt. Der Betriebsrat war sich dabei bewusst, dass er das nur gemeinsam mit der Belegschaft realisieren konnte.

Das Ergebnis kann sich sehen lassen. Erhalt von mehr als ca. 100 Arbeitsplätzen, eine neue Organisationsstruktur und ein Interessenausgleich und Sozialplan haben das Unternehmen sicher durch die Krise geführt. Das Unternehmen konnte aus der Insolvenz wieder in einen sicheren Hafen gebracht werden. Und man kann sicher mit Fug und Recht behaupten, dass dies ohne das Engagement des Betriebsrates nicht möglich gewesen wäre.

Dieses Beispiel belegt, dass Betriebsräte und ihre Arbeit kein Hemmschuh für die wirtschaftliche Entwicklung eines Unternehmens in Deutschland sind. Es gibt viele Beispiele dafür, dass es der Führungsmannschaft eines Unternehmens nicht gelingt, die tatsächlichen Probleme in der Organisationsstruktur des Unternehmens, in den Kunden-Lieferanten-Beziehungen zu erkennen oder das Innovationspotential der Beschäftigten, das Know-how der Mitarbeiter, ihre Motivation und ihren Einsatzwillen zu fördern und für den wirtschaftlichen Erfolg zu nutzen. Wir wissen, dass Betriebsräte genau diese Fragen aus dem tagtäglichen Geschäft der Interessenvertretung kennen, Lösungen anbieten und Konzepte entwickeln können. All zu häufig mangelt es lediglich an der Bereitschaft der Führungsebene, diese Kooperation mit dem Betriebsrat einzugehen.

Der Deutsche Betriebsräte-Preis wird in diesem Jahr als Sonderpreis für Krisenbewältigung an den Betriebsrat der Firma Happich verliehen, weil ihr Beispiel zeigt, dass Konzepte der kooperativen Konfliktpartnerschaft mit der Belegschaft aufgehen. Ich möchte an dieser Stelle noch einmal deutlich machen, dass es nicht nur darum geht – obwohl dies außerordentlich wichtig ist – Betriebsräte für ihre hervorragende Arbeit auch entsprechend zu würdigen, sondern dass es gerade darum gehen muss, solche Beispiele zu publizieren und damit Vielen die Ängste davor zu nehmen, selbst aktiv zu werden und sich für die Zukunft des eigenen Unternehmens einzusetzen. Außerdem belegen solche Beispiele in geradezu klassischer Weise, dass der von vielen Führungsstäben in den Unternehmen noch gepflegte »Herr-im-Haus-Stil« Möglichkeiten verschenkt, ein Unternehmen und seine Arbeitsplätze zukunftsfest zu machen. Es ist wichtig, dass die Beschäftigten bei Happich, dass die Arbeitnehmer im Kreis Wuppertal wissen, dass hier ein Betriebsrat eine hervorragende Arbeit zum Erhalt eines Unternehmens und seiner Arbeitsplätze geleistet hat. Von gleicher Bedeutung ist aber, diese Beispiele zu würdigen, um anderen Betriebsräten deutlich zu machen, dass sich Engagement lohnt und den verantwortlichen Führungskräften in anderen Unternehmen zu zeigen, dass es durchaus sinnvoll sein kann, einmal ein konstruktives Wort mit den Betriebsräten im eigenen Hause zu führen. Ich weiß, dass der Weg dorthin für manch einen schwierig ist; das Beispiel Happich zeigt aber, dass ein Erfolg versprechender Weg an den Betriebsräten nicht vorbei führt.

Günter Schölzel, Justitiar der IG BCE, Leiter der Abteilung Betriebsverfassung

Kompetenzentwicklung für den Betriebsrat – von der Idee über das Konzept bis zur Umsetzung

Betriebsrat der Stadtwerke Hannover AG

> *Stichworte zum Projekt*
> - Das Ziel: Professionalisierung des Betriebsrates und Stärkung der Handlungsfähigkeit
> - Der Weg: Entwicklung eines Kompetenzentwicklungskonzeptes, das alle Betriebsräte aktiv einbindet und zu einer Veränderung in den Köpfen führt
>
> *Unternehmen/Betrieb:* Stadtwerke Hannover AG
> *Branche:* Energieversorgung
> *Zahl der Mitarbeiter:* ca. 2700
> *Gewerkschaft:* ver.di

Motiv

Um auf Augenhöhe mit dem Arbeitgeber verhandeln zu können, beschäftigte sich der Betriebsrat der Stadtwerke Hannover AG intensiv mit den eigenen Kompetenzen. Dabei stand die Frage im Vordergrund, wie durch kontinuierliche Entwicklung und Weiterbildung der eigenen Kompetenzen die Grundlage für eine effektive Interessenvertretung gesichert wird. Aus Sicht des Betriebsrates ist dazu ein individuell orientiertes Weiterbildungskonzept notwendig.

Anlass für die Entwicklung eines so genannten Kompetenzentwicklungskonzeptes (KEK) war unter anderem die Tatsache, dass innerhalb des Gremiums keine strukturierte, auf Rollen basierte Kompetenzentwicklung bestand. Jedes Betriebsratsmitglied suchte Qualifikationen und Weiterbildungen nach bestem Wissen und Gewissen aus, es fehlte allerdings meist die Sicht aus der Betriebsratsperspektive. Optimierungspotential bei der Arbeitsteilung und der jeweiligen Rollenfindung im Betriebsrat wurde festgestellt. So waren vorhandene Ausschüsse nicht immer nach dem jeweiligen Ausbildungsstand besetzt. Dies auch, weil zum Teil die Kenntnisse über den Ausbildungsstand der jeweiligen Betriebsräte fehlten.

Vorgehen
Da das KEK für den Betriebsrat entwickelt und von diesem umgesetzt und gelebt werden soll, bestand Einigkeit darüber, dass dieses von innen heraus und damit vom gesamten Gremium zu entwickeln ist. Als Ziel des KEK wurde u. a. definiert, dass es – ergebnisoffen – den Betriebsratsmitgliedern dabei helfen soll, sich mit ihrer Arbeitskraft optimal im Gremium einbringen zu können und so zu einer Professionalisierung der Arbeit im Betriebsrat beizutragen.

Das Gremium entwickelte einen Projektauftrag für das KEK und band alle Betriebsratsmitglieder von Anfang in das sensible Projekt ein, sodass sich auch kein Mitglied dem KEK entziehen konnte. Im Rahmen eines umfangreichen Projektmanagements wurden dann von der Ist-Analyse über die Datenerfassung (z. B. zum Ausbildungsstand und ggf. notwendiger Qualifizierung) und -auswertung bis zum Entwurf eines Betriebsrats-Leitbildes und der Entwicklung von Soll-Profilen die verschiedenen Projektphasen erarbeitet.

Ergebnisse
Im Herbst 2009 wurden die Ergebnisse des KEK präsentiert, mit dem Ziel, die Umsetzung der darin beschriebenen Maßnahmen nach der BR-Wahl 2010 anzugehen.

Die wichtigste Erkenntnis während der Projektarbeit war, das KEK von innen heraus zu entwickeln. Dem Projektteam war dabei stets bewusst, dass es sich beim KEK und dessen Entwicklung um ein sensibles Thema handelt. Aus diesem Grund hat sich das Projektteam dazu entschieden, einen Beschluss zur Implementierung eines KEK vom Betriebsratsgremium zu erhalten. Dies verstärkte die notwendige Akzeptanz für das KEK. Jedes Betriebsratsmitglied beschäftigte sich mit seiner eigenen Kompetenzentwicklung, was zu einer Veränderung in den Köpfen führte.

Für die Umsetzung des KEK sind jetzt weitere Beschlüsse, wie z. B. die Bestellung eines Bildungsbeauftragten, notwendig. Aus Sicht des Projektteams wurde mehr als ein Konzept entwickelt. Vielmehr stehen die Mitglieder des Betriebsrats nun der Kompetenzentwicklung offener als am Anfang gegenüber. Aus Sicht des Betriebsrates leistet das KEK zudem einen Beitrag für die gesamte Entwicklung des Unternehmens.

Preisträger Qualifizierung

Materialien

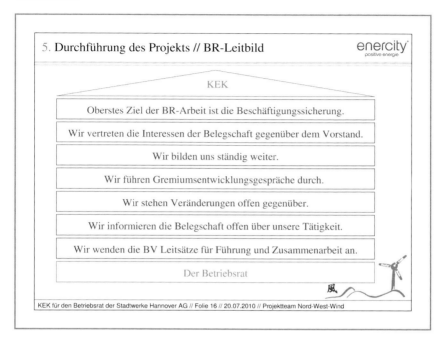

Weitere Materialien finden Sie unter: www.dbrp.de/deutscherbetriebsraetepreis/preis_2010/projekte/stadtwerke_hannover.php

Würdigung der Jury

Der Betriebsrat der Stadtwerke Hannover AG hat in beispielhafter Weise gezeigt, dass eine fundiert geplante Kompetenzsteigerung von Betriebsräten aus dem Gremium selbst heraus möglich und in eigener Verantwortung planbar ist.

Die Bedeutung systematischer Kompetenzentwicklung

Alle Wahl- und Ehrenämter stehen vor dem Problem, dass noch viel stärker als im professionellen Management die Übertragung von Aufgaben nicht nach einer sorgfältigen Prüfung der dafür erforderlichen persönlichen Kompetenzen erfolgt, sondern meist nach ganz anderen Auswahlkriterien. Erstaunlich ist, in wie vielen Fällen trotzdem die gewählten Personen ihren Aufgaben voll gerecht werden.

Es gibt aber auch zahlreiche Gegenbeispiele, bei denen der Grundsatz »Mit dem Amt kommt der Verstand« nicht ausreicht. Vermutlich fällt uns allen die eine oder andere Person aus dem politischen Raum ein, bei der wir nicht unerhebliche Kompetenzdefizite zumindest vermuten. Bestrebungen, möglichst hohe aufgabenbezogene Kompetenzen auch bei Wahl- und Ehrenämtern zu sichern, sind also offensichtlich von hoher gesellschaftlicher Bedeutung.

Natürlich kann ein solcher systematischer Kompetenzerwerb bzw. -nachweis kein Ersatz für demokratische Wahlen sein. Konzeptuell fundierte Kompetenzentwicklung kann aber entweder einer Wahlentscheidung vorausgehen oder die Leistungsfähigkeit der Gewählten nachträglich weiter steigern.

Nur hoch kompetente Betriebsräte können die Interessen der Belegschaft optimal vertreten

Die Anforderungen an die Betriebsratsarbeit werden immer komplexer. Es reicht schon lange nicht mehr, nur die »richtige Meinung« zu haben. Man muss gerade auch bei der Detailarbeit in den Ausschüssen die relevanten wirtschaftlichen und sozialen Zusammenhänger erkennen und bewerten können. Oft kann man die Interessen der Belegschaft nur dann erfolgreich vertreten, wenn man dabei dem Management gegenüber als ein auch fachlich kompetenter Verhandlungspartner auftreten kann.

Fundierter Soll-Ist-Vergleich als Basis der Qualifizierung

Es gibt natürlich schon lange Qualifizierungen aller Art auch für Betriebsräte. Gerade für allgemeine, für praktisch jede Art von Betriebsratstätigkeit wichtige Basiskompetenzen gibt es viele, auch gute Angebote.

Einer der überzeugenden Ansätze des Betriebsrates der Stadtwerke Hannover AG war es, das Konzept »Es gibt viele Seminare, such' Dir etwas davon aus« zu verlassen. Stattdessen beschloss man, ganz systematisch vom Abgleich der vielfältigen »Soll-Kompetenzprofile« bei den verschiedene Bereichen der Betriebsratsarbeit mit den Kompetenzen auszugehen, die bei den Mitgliedern des Gremiums individuell schon vorhanden waren.

Auf der Basis individueller Entwicklungsgespräche wird dieser Ist-Soll-Vergleich durchgeführt und dann gemeinsam mit den Kollegen festgelegt, welcher Bildungsbedarf besteht und welche Maßnahmen dazu konkret eingesetzt werden.

Die vorgesehene regelmäßige Wiederholung dieser Gespräche im Jahresrhythmus bietet nicht nur eine Motivationshilfe zum Erreichen des angestrebten Lernerfolgs, sondern auch die Möglichkeit eines systematischen Controllings der zwischenzeitlich erreichten Fortschritte.

Emotionale Widerstände durch den Prozess selbst überwinden

Auch wenn dies in den Unterlagen nicht so klar formuliert ist, dürfte es vermutlich nicht einfach gewesen sein, bei allen Kollegen die Bereitschaft zu einem solchen Vorgehen zu wecken. Üblicherweise sind Wahl- und Ehrenämter bezüglich einer systematischen, auf relativen individuellen Kompetenzdefiziten aufbauenden Qualifizierungsarbeit sehr änderungsresistent. Hier war sicher der Ansatz sehr hilfreich, von einem Leitbild der Betriebsratsarbeit auszugehen und eine breite, konsensorientierte Beteiligung aller Betroffenen sicherzustellen. Für den Erfolg maßgeblich war wohl auch die vom Betriebsrat der Stadtwerke Hannover umgesetzte Projektorganisation, die vielen anderen Projekten als Vorbild dienen kann.

Die Projektleiter schreiben über die Wirkung ihrer Arbeit:

»Wir sind überzeugt, mehr als ein KEK erstellt zu haben. Die Betriebsräte stehen der Kompetenzentwicklung nun offener gegenüber. Eine Veränderung in den Köpfen wurde erreicht.«

Eine solche dauerhafte, nicht von außen aufgedrängte, sondern innerlich erlebte Bereitschaft zur weiteren persönlich Kompetenzsteigerung ist ein sehr beachtenswerter Erfolg.

Professor Dr. Heinrich Wottawa, Ruhr-Universität Bochum

Nominierte

Vereinbarung zur Standortsicherung ohne Eingriff in den bestehenden Tarifvertrag

Betriebsrat und Gesamtbetriebsrat der Basell Polyolefine GmbH

Stichworte zum Projekt
- Mit der Eröffnung des Gläubiger-Schutzverfahrens bestand die Gefahr von Standortschließungen und massivem Abbau tariflicher Leistungen
- Standortsicherungsvereinbarung bezieht alle Mitarbeiter ein und enthält zudem Vertragselemente, die flexibel auf eine wirtschaftliche Verbesserung im Sinne der Belegschaft reagieren.

Unternehmen/Betrieb: Basell Polyolefine GmbH, Wesseling
Branche: Chemische Industrie
Zahl der Mitarbeiter: ca. 1950
Gewerkschaft: IG BCE

Motiv
Ende Dezember 2008 wurde der Mutterkonzern von Basell Polyolefine in Wesseling unter US-Insolvenzrecht gestellt. Die Folge: Erhebliche Kosteneinsparungen waren notwendig. Für den deutschen Gesamtbetriebsrat begann eine turbulente Zeit, denn es wurde schnell klar, dass die Beschäftigten einen bedeutenden Beitrag zum Überleben und zur wirtschaftlichen Gesundung des Unternehmens leisten mussten. Von Seiten der Unternehmensleitung wurden zahlreiche Restrukturierungen und Einsparungen gefordert. Die Geschäftsführung hatte vor, tiefe Einschnitte vorzunehmen, unter anderem die Reduzierung des Tarifentgelts, die Abschaffung der Fahrtkostenzuschüsse und die Streichung des Ausgleichs für die Schichtübergabezeiten. Der Betriebsrat machte sofort deutlich, dass diese Punkte jenseits der Schmerzgrenze lagen. Er machte seine Zustimmung zu einer Vereinbarung von einer Standortgarantie abhängig.

Vorgehen
Bereits frühzeitig holten die Betriebsräte die Kollegen der IG BCE ins Boot, gingen aktiv auf Politik und Vertreter der Landesregierungen an den verschiedenen deutschen Standorten des Unternehmens zu und informierten umfassend auch die lokalen und überregionalen Medien über ihre Bemühungen, mit der Geschäftsführung einen Standortsicherungsvertrag abzuschließen.

Verhandelt wurden dazu folgende Punkte:
- Reduzierung von Sozialleistungen und Vergütungsbestandteilen
- Reduzierung der Personalkosten in Deutschland um 6,5 %
- Beitrag zur Stärkung der wirtschaftlichen Situation des Unternehmens
- Alle Mitarbeiter an den deutschen Standorten leisten einen wesentlichen Beitrag zur Gesundung des Unternehmens

Als Gegenleistung forderte der Betriebsrat:
- Keine Standort- und Betriebsschließung bis Ende 2011
- Arbeitsplätze an den deutschen Standorten werden sicherer
- Auf betriebsbedingte Kündigungen soll verzichtet werden

Ergebnisse
Die erzielte Standortsicherungsvereinbarung zeichnet sich unter anderem dadurch aus, dass alle aktiven und ehemaligen Mitarbeiter – vom Leitenden Angestellten über Tagdienst- und Schichtmitarbeiter, Auszubildende, AT-Mitarbeiter und Pensionäre – die geforderten Einsparungen einbrachten, um als Gegenleistung vom Unternehmen eine Sicherung der Arbeitsplätze, der Zuschüsse an den Pensionärsverein und einen Schutz vor Standort-/Betriebsschließungen zu erhalten.

Darüber hinaus wurde vereinbart, dass 50 neue Ausbildungsplätze pro Jahr festgeschrieben werden. In den Verhandlungen konnte erreicht werden, dass das monatliche Entgelt nicht angetastet wird, um den Mitarbeitern hier Sicherheit zu gewährleisten. Im Gegenzug einigte man sich mit der Geschäftsleitung darauf, Bonuszahlungen zu reduzieren.

Der Vertrag sieht zudem vor, dass im Falle der Übererreichung der Unternehmenszielzahl (EBITDAR) die an diese Zahl gekoppelten Bonusleistungen dann doch wieder ansteigen. Dies führte in 2010 dazu, dass aufgrund des wider Erwarten guten Ergebnisses aus 2009 eine Bonuszahlung an alle deutschen Mitarbeiter ausgeschüttet werden konnte. Insgesamt konnte damit aus Sicht des Betriebsrats eine Vereinbarung erzielt werden, die so flexibel gestaltet ist, dass erbrachte Einsparungen wieder zurück gewonnen werden können.

Materialien
Materialien finden Sie unter: www.dbrp.de/deutscherbetriebsraete-preis/preis_2010/projekte/basell.php

Standort- und Zukunftssicherungsvertrag in Kombination mit Neueinstellungen und Investitionen

Betriebsrat der B. Braun Melsungen AG

Stichworte zum Projekt
- Zur Standortsicherung wurden Vereinbarungen zur Mehrarbeit mit einer Gesamtlaufzeit von zehn Jahren (104 Std./Jahr) geschlossen
- Regelungen beinhalten u. a. Ausschluss betriebsbedingter Kündigungen, umfangreiche Standort-Investitionen, Ergebnisbeteiligung, Gesundheitsförderung, Qualifizierung und Weiterbildung sowie Erhöhung der Ausbildungszahlen

Unternehmen/Betrieb:	B. Braun Melsungen AG
Branche:	Pharma-Hersteller
Zahl der Mitarbeiter:	ca. 5500 am Standort Melsungen
Gewerkschaft:	IG BCE

Motiv
Vor dem Hintergrund von Investitionen in ein neues Pharma-Werk in Spanien und den damit verbundenen Arbeitsplatzabbau am Standort in Melsungen trat der Betriebsrat des Pharma-Herstellers B. Braun Melsungen AG bereits 2001 in Verhandlungen mit dem Arbeitgeber ein, um die Arbeitsplätze in Melsungen langfristig zu sichern.

Um das neue Pharma-Werk in Deutschland zu bauen, forderte der Arbeitgeber von der Belegschaft am Standort in Melsungen anfangs umfangreiche Zugeständnisse wie z. B. die 40. Stunden-Woche, Abbau von Entgeltzulagen, Reduzierung von Tariflöhnen und Zuschlägen, Urlaubsverzicht und den Wechsel in den Arbeitgeberverband von der chemischen Industrie hin zur Kunststoffindustrie. Im Rahmen langwieriger und ausführlicher Verhandlungen konnte der Betriebsrat für den Zeitraum vom 1.10.2004 bis 30.9.2009 einen ersten Standortsicherungsvertrag aushandeln. Dieser beinhaltete von der Arbeitnehmerseite ein Mehrarbeitsvolumen von insgesamt 520 Stunden, gleichmäßig verteilt auf fünf Jahre.

Vorgehen
Im Jahr 2009 standen dann wiederum Verhandlungen über einen Anschlussvertrag von weiteren fünf Jahren und drei Monaten an, für ein Mehrarbeitsvolumen von insgesamt 546 Stunden. Vereinbart wurde schließlich ein Zukunftssicherungsvertrag mit einer Laufzeit vom 1.10. 2009 bis 31.12. 2014. Erneut schaffte es der Betriebsrat, neben einer Arbeitsplatzsicherheit für weitere fünf Jahre der Firmenleitung Neuinvestitionen, verbunden mit Neueinstellungen, abzuringen.

Ergebnisse
Die schwierigen Verhandlungen führten schließlich zu zwei einmaligen Verträgen mit folgenden Einzelregelungen, die die Belastungen der Mehrarbeit für die Beschäftigten abmildern:
- Betriebsbedingte Kündigungen wurden für insgesamt zehn Jahre (von 2004 bis 2014) ausgeschlossen.
- Die zusätzlich zu erbringenden Mehrarbeitsstunden werden nur bei Bedarf abgerufen.
- Vertraglich fixiert wurde, dass auf Antrag schwerbehinderte sowie diesen gleichgestellte Beschäftigte sowie Langzeitkranke von der zusätzlichen Mehrarbeit freigestellt werden können.
- Für die Laufzeit der beiden Verträge einigten sich Betriebsrat und Unternehmensleitung auf eine Ergebnisbeteiligung auf Grundlage der Konzernumsatzrendite. Für die Laufzeit des Standortsicherungsvertrages wurden insgesamt € 4025/pro Beschäftigten ausgezahlt.
- Weiterbildungsstunden, beispielsweise für die externe Meisterausbildung, werden mit 80 Stunden pro Jahr angerechnet.
- Die B. Braun Melsungen AG hat sich weiterhin verpflichtet, an der Tarifbindung der chemischen Industrie festzuhalten
- Ein betriebliches Gesundheitsmanagement, das sich angesichts der hohen Belastung der Mitarbeiter als immer wichtiger erwiesen hat, wird umfassend gefördert.
- Das Unternehmen sagte Gesamtinvestitionen für neue Werke am Standort Melsungen mit einem Volumen von über € 500 Mio. zu.
- Der Betriebsrat konnte erreichen, dass seit Beginn der Verträge mehr als 800 neue Beschäftigte mit Festverträgen eingestellt wurden.
- Vereinbart wurde zudem, dass die Zahl der Ausbildungsplätze deutlich erhöht wird.
- Förderung des Tarifvertrages zur Qualifizierung bzw. Abschluss einer Betriebsvereinbarung zur Qualifizierung und Weiterbildung

Materialien

Betriebsrat und Vorstand informieren

Peter Hohmann:
„Die Beteiligung unserer Mitarbeiter zur Sicherung des Standortes Melsungen zahlt sich jetzt aus!"

- Bis zu 4.015 € brutto Ergebnisbeteiligung
- Gesamtsumme Ergebnisbeteiligung: 15,2 Mio. €
- Auszahlung 30. April 2010
- Sichere Arbeitsplätze bis 2014
- 816 neue Arbeitsplätze geschaffen
- 76 zusätzliche Ausbildungsplätze

Prof. Ludwig Georg Braun:
„Wir danken den Mitarbeitern für ihren Einsatz!"

Weitere Materialien finden Sie unter: www.dbrp.de/deutscherbetriebsraetepreis/preis_2010/projekte/bbraun_melsungen_standortvertrag.php

Demografischer Wandel in der EADS in Deutschland

Betriebsrat der EADS Deutschland GmbH

Stichworte zum Projekt
- Rahmenregelungen für eine demografiefeste Personalpolitik mit dem Arbeitgeber verhandelt – auf Grundlage einer umfassenden Bestandsanalyse
- Sensibilität in allen Schichten der auf 37 Betriebe und Gesellschaften verteilten Belegschaft fördern

Unternehmen/Betrieb:	EADS Deutschland GmbH, Unterschleißheim
Branche:	Metall- und Elektronindustrie
Zahl der Mitarbeiter:	ca. 45 000 (Deutschland)
Gewerkschaften:	ver.di/IG Metall

Motiv

Der Konzernbetriebsrat der EADS Gesellschaften in Deutschland hat mit Beginn der Amtsperiode 2006 bis 2010 durch Eigeninitiative das Projekt zum »Demografischen Wandel« im EADS-Konzern in Deutschland gestartet. In dem gebildeten Fachausschuss »Demografie« engagieren sich Betriebsräte aus allen EADS Gesellschaften in Deutschland (z. B. Airbus Operation GmbH, Eurocopter Deutschland GmbH sowie EADS Deutschland GmbH und Astrium GmbH) mit dem Ziel, eine Rahmenregelung für eine ganzheitliche demografiefeste Personalpolitik mit dem Arbeitgeber zu vereinbaren.

Außerdem soll die Sensibilität dieses Themas in allen Schichten der Belegschaft durch ein Kommunikationskonzept gefördert werden. Eine besondere Herausforderung des Projektes bestand darin, die unterschiedlichen EADS Gesellschaften mit ihren verschiedenen Kulturen und Arbeitsweisen für ein gemeinsames Herangehen an dieses drängende Thema zu sensibilisieren und Aktionen gemeinsam vorzubereiten.

Vorgehen

In einem ersten Schritt wurden Handlungsfelder erarbeitet und mit der Arbeitgeberseite festgelegt. Dazu zählen u. a. Rekrutierung, Wissensmanagement und Kompetenzentwicklung, Gesundheitsförderung, Arbeitsorganisation und

Gestaltung der letzten Berufsjahre. Daran anschließend wurde eine umfangreiche Bestandsaufnahme über laufende Aktivitäten und bestehende Vereinbarungen in den EADS-Gesellschaften durchgeführt und den definierten Handlungsfeldern zugeordnet.

Nach Abschluss dieser Zuordnungen wurden unter Berücksichtigung der Verzahnung und der Zusammenhänge in den einzelnen Handlungsfeldern vorrangige Maßnahmen und Aktionen für ein stärker demografiebewusstes Personalmanagement mit dem Arbeitgeber definiert.

Ergebnisse
Bis zur Vorlage der Bewerbungsunterlagen zum Deutschen Betriebsräte-Preis 2010 konnten bislang folgende Themen umgesetzt und Aktion eingeleitet werden:

- Ein Tool für eine Altersstrukturanalyse auf Konzern-, Unternehmens- und Betriebsebene wurde eingeführt, auf die auch der Betriebsrat zugreifen kann.
- Die Einführung eines Kompetenzmanagements zur qualitativen und quantitativen Ressourcenplanung ist in Arbeit. Dies auch mit dem Ziel der Verbesserung der Datenqualität für eine qualifizierte Altersstrukturanalyse.
- Umfangreiche Aktionen zur Gesundheitsförderung und Familienfreundlichkeit wurden eingeleitet und durchgeführt.
- Einheitliche Regelungen zur neuen Altersteilzeit ab 2010 wurden vereinbart.
- Mitgliedschaft im Projekt »Erfolgsfaktor Familie« in der EADS Deutschland GmbH
- Ein Netzwerk über alle 37 Betriebe in Deutschland wurde aufgebaut mit Ansprechpartnern im jeweiligen Betriebsrat zum Thema Demografischer Wandel.

Materialien

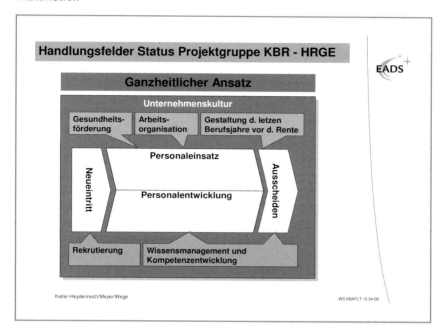

Weitere Materialien finden Sie unter: www.dbrp.de/deutscherbetriebsraete-preis/preis_2010/projekte/eads.php

»Wir retten uns selbst« – unkonventionelles Maßnahmenpaket sichert Löhne und Arbeitsplätze

Betriebsrat der Ernst Kratz KG

> *Stichworte zum Projekt*
> - Betriebsrat entwickelt umfangreiches Maßnahmenpaket, um Lohnrückstände geltend zu machen und drohenden Arbeitsplatzabbau zu verhindern
> - Eintragung einer Grundschuld auf Privatgrundstück des Arbeitgebers, Zurückbehaltungsrecht nach § 273 BGB
>
> *Unternehmen/Betrieb:* Ernst Kratz KG, Dreieich
> *Branche:* Medizintechnik
> *Zahl der Mitarbeiter:* ca. 60
> *Gewerkschaft:* IG Metall

Motiv
Die auf Medizintechnik spezialisierte Ernst Kratz KG verzeichnete bereits ab 2001 eine erhebliche Verschlechterung der wirtschaftlichen Lage. Dies führte u. a. dazu, dass Löhnrückstände von bis zu drei Monaten entstanden. Der Betriebsrat forderte die Geschäftsleitung frühzeitig zum Austausch über die wirtschaftliche Situation auf, um langfristig einen Fortbestand des existenziell bedrohten Unternehmens zu sichern. Doch die Auseinandersetzungen zwischen Arbeitgeberseite und Interessenvertretung blieben trotz zahlreicher Versuche ohne positive Ergebnisse.

Vorgehen
Aus Sicht des Betriebsrates versäumte die Unternehmensleitung notwendige Entscheidungen. Die Interessenvertretung der Arbeitnehmerseite ergriff daher selbst die Initiative und setzte ein umfangreiches Maßnahmenpaket durch.
 Dazu zählten folgende Eckpunkte:
- Unterstützt von der IG Metall wurde ein Unternehmensberater engagiert, um einerseits den wirtschaftlichen Status von neutraler Seite zu analysieren und andererseits auf dieser Grundlage konkrete Vorschläge für das weitere Vorgehen im Betrieb vorzulegen. Es wurden verschiedene Maßnahmen erarbeitet und der Geschäftsleitung vorgelegt. Diese weigerte sich jedoch, diese

Vorschläge umzusetzen, so dass die Zusammenarbeit mit dem externen Berater wieder eingestellt werden musste.
- Es erfolgte die Eintragung einer Grundschuld über die Summe der rückständigen Löhne und Gehälter auf das Privatgrundstück des Firmeninhabers.
- Zusätzlich wurden vor dem zuständigen Arbeitsgericht ausstehende Löhne und Gehälter eingeklagt.
- Eingeklagt wurden zudem Ansprüche auf eine Pensionskassenzusage.
- Der Betriebsrat informierte die Mitarbeiter ausführlich über deren persönliche Möglichkeiten der Einflussnahme. Teile der Belegschaften machten daraufhin vom Zurückbehaltungsrecht nach § 273 BGB Gebrauch, dies auch teilweise über mehrere Wochen.
- Außerdem wurden die Mitarbeiter über Möglichkeiten informiert, als Gläubiger einen Insolvenzantrag zu stellen. Dazu wurde in gemeinsamen Sitzungen und Veranstaltungen beraten und diskutiert, ob dieser Weg gewählt werden sollte.

Ergebnisse

Das durchaus als ungewöhnlich zu bezeichnende Vorgehen des Betriebsrates brachte der Belegschaft eine Reihe von wichtigen Teilerfolgen. So konnte das Grundstück des Firmeninhabers später veräußert und so der komplette Rest der Lohn- und Gehaltsrückstände ausgeglichen werden. Die Klagen vor dem Arbeitsgericht schufen die wichtige Voraussetzung dafür, dass weitere Rückstände verhindert werden konnten.

Die wirtschaftliche Schieflage des Unternehmens war aber so groß, dass es in seiner bisherigen Form nicht erhalten werden konnte. Ein öffentlicher Gläubiger stellte schließlich den Insolvenzantrag. Das Unternehmen wurde an einen Investor veräußert. Dem Betriebsrat gelang es dabei, zusammen mit dem Insolvenzverwalter, fast dreiviertel der Arbeitsplätze zu erhalten. Unter neuer Leitung und in eine neu gegründete GmbH eingebracht wird das Unternehmen derzeit konsolidiert.

Materialien

Materialien finden Sie unter: www.dbrp.de/deutscherbetriebsraete-preis/preis _2010/projekte/ernst_kratz.php

Innovative Arbeitnehmerüberlassung schafft Vorteile für Arbeitnehmer und Unternehmen

Betriebsrat der Heinrich Wagner Sinto Maschinenfabrik GmbH

Stichworte zum Projekt
- Tarifvertrag zur Arbeitnehmerüberlassung bietet entliehenen Arbeitnehmern Möglichkeit, finanzielle Verluste zu verhindern
- »Austausch« zwischen Unternehmen sichert Arbeitsplätze in gering ausgelasteten Betrieben und ermöglicht flexible Verstärkung bei Überkapazitäten

Unternehmen/Betrieb:	Heinrich Wagner Sinto Maschinenfabrik GmbH, Bad Laasphe
Branche:	Maschinenbau
Zahl der Mitarbeiter:	350

Motiv

Die Heinrich Wagner Sinto Maschinenfabrik GmbH aus Bad Laasphe, Tochter des japanischen Konzerns Sintokogio, zählt zu den wichtigsten Lieferanten der Großindustrie weltweit. Zwei Drittel der Produktion geht in den Export. Trotz weltweiter Wirtschaftskrise steigt der Umsatz des Unternehmens kontinuierlich an. In den vergangenen Jahren wurde die Belegschaft um 10 % erweitert, zusätzliche Ausbildungsplätze wurden geschaffen und Investitionen in einem hohen einstelligen Millionenbereich umgesetzt, u. a. in eine neue Montage- und Versandhalle. Dennoch übersteigt der Bedarf an Fachkräften das vorhandene (lokale) Angebot und kann zum Teil nur schwer mit qualifiziertem Personal gedeckt werden. Zeitweise werden bereits über 100 Leiharbeitnehmer beschäftigt.

Vorgehen

Vor diesem Hintergrund verhandelten Betriebsrat und Unternehmen, gemeinsam mit IG Metall und dem Verband der Siegerländer Metallindustrie, einen Tarifvertrag zur Arbeitnehmerüberlassung. Dieser ermöglicht Betrieben mit geringer Auslastung, dass sie ihre Fachkräfte an höher ausgelastete Nachbarunternehmen zeitweise abtreten können.

Der freiwillige »Austauscher« bleibt bei seinem Stammunternehmen beschäftigt und bekommt von ihm sein Gehalt. Das ausleihende Unternehmen überweist das Entgelt der kooperierenden Firma, in Abhängigkeit von den geleisteten Arbeitsstunden.

Ergebnisse
Die Nachfrage bei den ausgeliehenen Arbeitnehmern zeigt, dass dieses Modell durchweg auf positive Resonanz stößt. Für sie ist es eine attraktive Möglichkeit, in Zeiten von geringerer Beschäftigung im eigenen Unternehmen und damit drohendem Lohnverlust, die finanzielle Lücke zu schließen oder sogar durch Überstunden einen höheren Verdienst zu erzielen. Bevor Kurzarbeit greifen muss oder gar Entlassungen anstehen, eröffnet sich so eine Perspektive, auch in wirtschaftlich schwierigen Zeiten und auf Grundlage eines Tarifvertrages Beschäftigung zu sichern.

Für die beteiligten Firmen bietet der Tarifvertrag ebenfalls eine Reihe von Vorteilen. Der »Verleiher« kann bei Auftragsrückgängen auf Entlassungen verzichten, seine eingespielte Stammbelegschaft langfristig binden und halten und – bei anziehender Auftragslage – die Arbeitnehmer kurzfristig wieder zurückholen.

Für die Unternehmen mit hoher Auslastung besteht die Möglichkeit, schnell und flexibel auf qualifiziertes Personal zugreifen zu können, das aufgrund der finanziellen Vorteile, die diese Ausleihe ermöglicht, zusätzliche Motivation mitbringt, was sich wiederum positiv auf die Arbeitszufriedenheit im Unternehmen und die Produktqualität auswirkt.

Materialien
Materialien finden Sie unter: www.dbrp.de/deutscherbetriebsraete-preis/preis_2010/projekte/heinrich_wagner_sinto.php

Weiterbildung statt Ausgliederung

Betriebsrat der Impress Verpackungen Erftstadt GmbH & Co. KG

Stichworte zum Projekt
- Verhinderung von Entlassung durch Weiterbildungsmaßnahmen
- Aus ungelernten Mitarbeitern werden qualifizierte Fachkräfte

Unternehmen/Betrieb:	Impress Verpackungen Erftstadt GmbH & Co. KG
Branche:	Weißblech-Verpackungen
Zahl der Mitarbeiter:	345
Gewerkschaft:	NGG

Motiv
Die Firma Impress Verpackungen, mit Sitz in Erftstadt, ist auf Weißblech-Verpackungen spezialisiert. Das so genannte »Warehouse«, von vielen auch als Lager bezeichnet, war vor vielen Jahren ausgegliedert worden und wurde durch externe Mitarbeiter betreut.

Vorgehen
Der Betriebsrat des nordrhein-westfälischen Unternehmens hatte das Ziel, diese Ausgliederung wieder rückgängig zu machen. In Verhandlungen über Restrukturierungsmaßnahmen wurde schließlich die Geschäftsleitung davon überzeugt, das ausgegliederte Warehouse wieder zu übernehmen. Damit konnten zehn geplante Entlassungen verhindert und die dort erbrachte Dienstleistung wieder innerhalb des Unternehmens abgedeckt werden.

Im Rahmen der Verhandlungen konnte zudem erreicht werden, dass alle betroffenen Kollegen – im Alter zwischen 38 und 55 Jahren – über das BFW Berufsfortbildungswerk für sechs Monate in Vollzeit zum Fachlageristen ausgebildet wurden. Dies beinhaltete Schulungen in Theorie und Praxis sowie eine Prüfungsvorbereitung. Damit wurden aus ungelernten Mitarbeitern qualifizierte Fachkräfte der Lagerlogistik (Abschluss IHK). Während der Schulung erhielten sie zudem eine Lohnfortzahlung von 100 %, zusätzlich wurden entgangene Zuschläge, z. B. für Nachtschicht ausgeglichen. Zur Finanzierung der Fortbildung wurden Mittel aus dem Fonds »WeGebAU« der Bundesagentur für Arbeit zur

Verfügung gestellt. Damit waren die Kosten für das Unternehmen auf die reinen Weiterbildungsmaßnahmen reduziert.

Ergebnisse
Durch die Verhandlungen konnte somit erfolgreich eine Auslagerung rückgängig gemacht werden und gleichzeitig wurden zehn Mitarbeiter zu tariflich bezahlten Fachkräften weitergebildet. Vielmehr verhinderte diese Maßnahme die geplanten zehn Entlassungen und schuf gleichzeitig die Grundlage für deren Weiterbildung.

Materialien
Materialien finden Sie unter: www.dbrp.de/deutscherbetriebsraete-preis/preis_2010/projekte/impress_verpackungen.php

Mobilisierung der Belegschaft und juristische Mittel sichern Sozialplan

Betriebsrat der mdexx GmbH

Stichworte zum Projekt
- Wegweisende Entscheidung erstritten bei geplanten Entlassungen in Verbindung mit Verhandlungen über Kurzarbeit
- Sozialplan wird ausschließlich von Betriebsrat und Gewerkschaft verwaltet, Zugriff des Unternehmens vollständig unterbunden

Unternehmen/Betrieb:	mdexx GmbH, Bremen
Branche:	Metall- und Elektroindustrie
Zahl der Mitarbeiter:	ca. 430
Gewerkschaft:	IG Metall

Motiv

Die Bremer mdexx GmbH gehörte bis zur Jahreswende 2008/2009 zum Siemens-Konzern, wurde zunächst ausgegliedert und dann an einen Investor verkauft. Zum Zeitpunkt des Verkaufs signalisierte die Geschäftsleitung, dass die Arbeitsplätze (ca. 500) sicher seien. Doch diese Zusage hielt nur wenige Monate. Mitte 2009 sollten auf einen Schlag ca. 220 Mitarbeiter ihren Arbeitsplatz verlieren. Zum einen aus konjunkturellen Gründen und zum anderen wegen der geplanten Verlagerung eines Großteils der Produktion nach Tschechien. Für den Betriebsrat bestand nun dringender Handlungsbedarf. Es stellten sich die Fragen, wie diese Unternehmensentscheidung verhindert und welche Alternativen für eine Zukunftsfähigkeit der Produktion am Bremer Standort entwickelt werden konnte.

Vorgehen

Mit Unterstützung der IG Metall, einer spezialisierten Anwaltskanzlei und betriebswirtschaftlichen Sachverständigen wurden die Pläne der Geschäftsführung analysiert und ein alternatives Konzept für die Verbesserung der Produktivität entwickelt. Die Auseinandersetzung mit dem Arbeitgeber nahm kontinuierlich an Schärfe zu. Der Betriebsrat band von Anfang an die Belegschaft in alle Schritte ein und führte dazu zahlreiche Betriebsversammlungen durch. Im Laufe der Entwicklung tagte dann eine Einigungsstelle im Betrieb, die mangels

Einigung über einen Interessenausgleich und Sozialplan zu befinden hatte. Die Fronten zwischen Arbeitnehmern und Arbeitgebern verhärteten sich rasant, und der Betriebsrat konnte bei allen Aktionen auf eine große Geschlossenheit der Belegschaft bauen.

Der Betriebsrat begleitete die Einigungsstellentätigkeit mit einem Antrag auf Einführung von Kurzarbeit und einem Projekt zur Absenkung der tariflichen Arbeitszeit. Schließlich übergab der Geschäftsführer dem BR-Vorsitzenden 200 Anhörungen zur Kündigungen. Der Betriebsrat widersprach sämtlichen Kündigungen nach § 102 BetrVG und beantragte zudem beim Arbeitsgericht Bremen-Bremerhaven, dem Arbeitgeber zu untersagen, die Kündigung auszusprechen, solange über Kurzarbeit nicht in einer Einigungsstelle entschieden worden sei und solange nicht über die Absenkung der tariflichen Arbeitszeit entschieden sei.

Unter großer Pressebeteiligung und in Anwesenheit nahezu der gesamten Belegschaft fand dann die Verhandlung statt. Das Gericht entschied erstmalig, dass dem Arbeitgeber untersagt wird, Kündigungen auszusprechen, solange in der Einigungsstelle nicht über Kurzarbeit entschieden ist. Trotz Zusage des Arbeitgebers, dass Kündigungen nicht vor dem nächsten Tag ausgesprochen werden, wurden in der Folge 198 Kündigungen in einer Nachtaktion verteilt.

Für Belegschaft und Betriebsrat war dieses Vorgehen die Initialzündung für eine Vielzahl von Aktivitäten, Protesten und aktiver Nutzung aller öffentlichkeitswirksamen Kanäle. Der öffentliche Druck führte schließlich dazu, dass die ursprünglich zugesagte Sozialplansumme (u. a. für die Transfergesellschaft und Abfindungen) von € 2 Mio. auf € 17,2 Mio. gesteigert wurde. Der Betriebsrat legte dabei größten Wert darauf, dass sämtliche Gelder in ein Treuhandvermögen eingezahlt wurden, dies auch um Mittel für zukünftige Entlassungen zur Verfügung zu stellen.

Ergebnisse

Betriebsrat und Belegschaft haben durch den Einsatz aller juristischen Mittel und durch ihr geschlossenes Auftreten schließlich erreicht, dass die ursprünglich angebotene Sozialplansumme deutlich gesteigert wurde. Außerdem gelang es erstmals, einen autonomen Zugriff auf die gesamte Sozialplansumme zu erhalten und sie vollständig dem Zugriff des Arbeitgebers zu entziehen.

Materialien

Materialien finden Sie unter: www.dbrp.de/deutscherbetriebsraete-preis/preis _2010/projekte/mdexx.php

DEUTSCHER BETRIEBSRÄTE PREIS 2010

Ausgezeichnet, von links nach rechts, vorne: Erika Zaun Cross (Happich Fahrzeug- und Industrieteile GmbH), Daniel Kaufeld (Stadtwerke Hannover AG), Adrijana Soldo (Schlecker Bezirk Fürth/Herzogenaurach), Marion Tesche (Schlecker Bezirk Mayen), Josef Weitzer und Werner Schrödl (Krones AG), Gerd Jansen (IBENA Textilwerke GmbH); dahinter: Maike Stecher (Stadtwerke Hannover AG), Maren Bullermann (Gewoba AG Wohnen und Bauen), Sabine Schöppner, Oliver Hess, Ralph de Almeida (Esprit Europe GmbH)

Gruppenbild: Alle Nominierten, Sonderpreis- und Preisträger (Gold, Silber, Bronze) des Deutschen Betriebsräte-Preises 2010 auf einen Blick.

Am Schluss hielt es keinen mehr auf den Stühlen. Die über 100 geladenen Gäste zur Verleihung des Deutschen Betriebsräte-Preises 2010 in Bonn erhoben sich geschlossen. Was folgte, waren Standing Ovations und herzliche Glückwünsche von allen Seiten für die beiden Gold-Preisträgerinnen Adrijana Soldo und Marion Tesche. Sie haben mit ihrem Engagement der Drogeriemarktkette Schlecker die »Rote Karte« gezeigt.

Als Betriebsratsvorsitzende in den Unternehmens-Bezirken im rheinland-pfälzischen Mayen und in Fürth/Herzogenaurach hatten sie sich als David gegen den vermeintlichen Goliath Schlecker konsequent für Beschäftigungssicherung und Tariflöhne ein- und schließlich auch durchgesetzt und so Lohndumping durch Leiharbeit verhindern können. Auch bundesweit sorgte ihr Engagement für großes Aufsehen, so dass sich auch Ursula von der Leyen, Bundesministerin für Arbeit und Soziales und diesjährige Schirmherrin des Deutschen Betriebsräte-Preises, kritisch über die Zustände bei Schlecker äußerte. Für die Laudatorin Dina Bösch, Mitglied des ver.di-Bundesvorstandes und eine der acht Juroren des Preises »ein Erfolg, der herausragend und nahezu beispiellos ist«.

Um dieses Engagement und die Betriebsräte, die dafür stehen, öffentlich zu würdigen und auch in einem angemessenen Rahmen zu feiern, hatte die Fachzeitschrift »Arbeitsrecht im Betrieb« bereits zum zweiten Mal den »Deutschen Betriebsräte-Preis« ausgelobt und zur Verleihung geladen. Im Rahmen des Bonner BetriebsräteTages, der im altehrwürdigen Collegium Leoninum tagte, fanden sich unter den zahlreichen Gästen Betriebsräte aus nahezu allen Branchen und Regionen. Auch die vertretenen Betriebsgrößen zeigten das breite Spektrum der Teilnehmer: Betriebsräte von Firmen mit 20 Arbeitnehmern waren ebenso gekommen wie GBR- oder KBR-Vorsitzende aus Unternehmen, die weltweit bis zu 120 000 Beschäftigte zählen. Neben hochrangigen Vertretern aus DGB-Bundesvorstand und den Einzelgewerkschaften IG Metall, IG BCE und ver.di konnte auch Guntram Schneider, seit Anfang Mai neuer Arbeitsminister in NRW, für die Teilnahme und ein Grußwort zur Preisverleihung gewonnen werden.

Stellvertretend für viele andere Betriebsräte, die sich effizient gegen die Folgen der Wirtschafts- und Finanzkrise der vergangenen zwei Jahre gestemmt haben, erhielt der Gesamtbetriebsrat der Krones AG, Neutraubling, die Auszeichnung in Silber. Die Arbeitnehmervertreter des Maschinenbauunternehmens haben es trotz der dramatischen Entwicklungen geschafft, Standorte und Beschäftigung nachhaltig zu sichern. Darüber hinaus konnte die Anzahl der Auszubildenden im Unternehmen erhöht und die Weiterbildungs- und Qualifizierungsbedingungen verbessert werden. Grund genug für die Jury, diesen Einsatz mit Edelmetall auszuzeichnen.

Das Thema Leiharbeit beschäftigte auch den Betriebsrat der IBENA Textilwerke mit Sitz in Bocholt. Die Kollegen aus Nordrhein-Westfalen schafften es, in zähen Verhandlungen eine wegweisende Betriebsvereinbarung abzuschließen, welche die Rechte der Leiharbeitnehmer stärkt, ohne dass dies auf Kosten der Stammbelegschaft geht. Der BR-Vorsitzende freute sich über den Preis in Bronze und auf das Gesicht seines gegenüber dem Betriebsrat eher »verhaltenen« Geschäftsführers, wenn er ihm bei der nächsten Sitzung diese Auszeichnung präsentieren könne.

Sonderpreise gingen zudem an die Betriebsräte der Stadtwerke Hannover in der Kategorie »Qualifizierung«, Happich Fahrzeug- und Industrieteile GmbH, Wuppertal (»Krisenbewältigung«), Gewoba AG Wohnen und Bauen Bremen (»Gute Arbeit«) und Esprit Europe GmbH, Ratingen (»Innovative Betriebsratsarbeit«). Weitere Informationen finden Sie im Internet unter der Adresse www.deutscher-betriebsraete-preis.de.

uch dieses Jahr hatte die Jury keine leichte Aufgabe.

Das Grußwort sprach Guntram Schneider, Arbeitsminister in Nordrhein-Westfalen.

Prof. Dr. Heinrich Wottawa ehrt den Sonderpreisträger der Kategorie »Qualifizierung«.

Erwartungsvolle Spannung im Publikum.

Moderatorin, Jurymitglied und verantwortliche Redakteurin der AiB Eva-Maria Stoppkotte führte durch den Abend.

Günter Schölzel (IG BCE) bei seiner Laudatio für den Betriebsrat von Happich Fahrzeug- und Industrieteile GmbH.

Dietmar Hexel, DGB-Bundesvorstand, würdigt den Sonderpreisträger der Kategorie »Gute Arbeit«.

Dina Bösch (ver.di) stellt die Goldpreisträger vor.

Maren Bullermann, GBR-Vorsitzende der Gewoba AG Wohnen und Bauen.

DEUTSCHER BETRIEBSRÄTE PREIS 2010

Erika Zaun Cross, Betriebsrat Happich Fahrzeug- und Industrieteile GmbH, mit dem Sonderpreis »Krisenbewältigung«.

Dr. Thomas Klebe, Leiter des Justiziariats beim IG Metall-Vorstand, überreicht den Preis in Silber an GBR Werner Schrödl von Krones AG.

Maike Stecher und Daniel Kaufeld (Betriebsrat Stadtwerke Hannover AG) freuen sich über den Sonderpreis »Qualifizierung«.

Gold-Preisträgerin Adrijana Soldo, Schlecker-BR, Bezirk Fürth/Herzogenaurach.

Guntram Schneider (rechts) überreicht die Urkunden an die BR der Basell Polyolefine GmbH und B. Braun Melsungen AG.

Die Gastgeber des Abends, Thorsten Halm, [m]5-consulting, und Rainer Jöde, Bund-Verlag.

Großer Applaus für die Ausgezeichneten.

Teilnehmer

Initiative Q² – Qualitätsverbesserung durch Qualifikation

Betriebsrat der Alfing Montagetechnik GmbH

> *Stichworte zum Projekt*
> - Unternehmen nutzt Kurzarbeit für umfangreiche Qualifizierungsmaßnahmen
> - Enge Kooperation zwischen Betriebsrat, Geschäftsführung und Organisationsleiter bei Konzeption und Durchführung der Schulungen
>
> *Unternehmen/Betrieb:* Alfing Montagetechnik GmbH, Aalen-Wasseralfingen
> *Branche:* Maschinenbau
> *Zahl der Mitarbeiter:* 150
> *Gewerkschaft:* IG Metall

Motiv

Das Maschinenbauunternehmen Alfing Montagetechnik GmbH ist seit September 2009 durch Rückgang der Auftragseingänge von Kurzarbeit betroffen und nutzt diese Zeit für umfangreiche Qualifizierungen der Mitarbeiter – angestrebt sind 80 % der Ausfallzeiten dafür zu verwenden.

Neben zahlreichen fachspezifischen Themen stehen trotz eines erheblichen Mehraufwandes (Organisation, Qualifizierungsdurchführung und Engagement der Beschäftigten) Basisqualifizierungen im Vordergrund, mit denen künftig die Arbeitsorganisation und die Zusammenarbeit der Abteilungen erheblich erleichtert und verbessert werden sollen.

Zum umfassenden Themenangebot der Basisqualifikation zählen die Vermittlung von PC-Grundkenntnissen (MS-Office-Programme), Englisch (von Vorbereitungskursen bis zu Sonderthemen), Produktschulungen in Schraubtechnik und Kurse zur Erhöhung der sozialen Kompetenz (Kundengespräche, Teamleitung und -entwicklung, Rhetorik und Präsentation).

Vorgehen

Auf Betreiben des Betriebsrates hat sich das Unternehmen – entgegen der üblichen, eher selektiven Qualifizierungspraxis, die in vielen Betrieben durchgeführt wird – dafür entschieden, für alle Beschäftigten eine Basisqualifikation anzubieten. Die Kurzarbeit soll dabei intensiv für die Erprobung und Etablierung der verschiedenen Schulungsinhalte genutzt werden.

Ergebnisse

In enger Abstimmung zwischen Betriebsrat, Geschäftsführung und Organisationsleiter werden Konzepte erstellt, Schulungsinhalte definiert und die Seminare durchgeführt. Von Seiten der Belegschaft werden die Qualifizierungsangebote und ihre Vermittlung als in der Regel sehr positiv wahrgenommen.

Als weiteres Ergebnis hat sich mittlerweile eine enge Zusammenarbeit bei der Qualifizierung mit der Alfing Kessler Sondermaschinen GmbH ergeben – einem zweiten Unternehmen aus der Alfing-Gruppe.

Förderung für die Initiative war ein Projekt des IMU Instituts (einem arbeitsorientierten Forschungs- und Beratungsunternehmen) und der Akademie für wissenschaftliche Weiterbildung an der PH Ludwigsburg e.V., die eine Qualifizierung zu generationsübergreifendem Wissenstransfer und Erfahrungsaustausch sowie die Beratung bei der Umsetzung betrieblicher Projekte anbieten konnten. Das Projekt wird unterstützt durch das Wirtschaftsministerium Baden-Württemberg aus Mitteln des Europäischen Sozialfonds.

Materialien

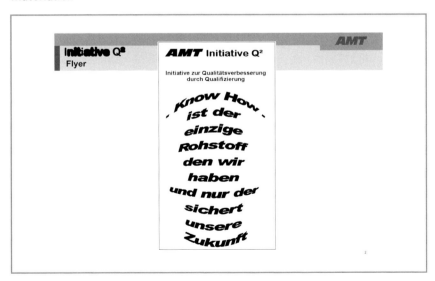

Weitere Materialien finden Sie unter: www.dbrp.de/deutscherbetriebsraetepreis/preis_2010/projekte/alfing.php

Beschäftigungs- und Standortsicherungsvertrag bis 2015

Gesamtbetriebsrat der ANDREAS STIHL AG & Co.KG

Stichworte zum Projekt
- Fortführung und Weiterentwicklung des Vertrages auf Grundlage bereits bestehender Beschäftigungs- und Standortsicherungsvereinbarungen
- Enge Zusammenarbeit von Betriebsrat und Unternehmen sichert Jobs, Ausbildungsplätze und ermöglicht Flexibilität in der Fertigung

Unternehmen/Betrieb: ANDREAS STIHL AG & Co.KG, Waiblingen
Branche: Maschinenbau
Zahl der Mitarbeiter: ca. 3500
Gewerkschaft: IG Metall

Motiv

Der Motorsägenhersteller Stihl aus dem baden-württembergischen Waiblingen war in Folge der Wirtschaftskrise mit massiven Auftragsrückgängen konfrontiert. In dem international operierenden, familiengeführten Unternehmen waren Vereinbarungen zwischen Betriebsrat und Unternehmensleitung zu Standort- und Beschäftigungsmaßnahmen bereits erstmals 1997 erfolgreich umgesetzt worden. Diese Maßnahmen wurden in der Folge bis einschließlich 2004 weiterentwickelt. Ziel aller Vereinbarungen war, Standortnachteile gegenüber den ausländischen Werken zu verringern und durch Neuinvestitionen Arbeitsplätze zu sichern und aufzubauen. Die aktuelle Wirtschaftskrise machte es nun erneut erforderlich, über dieses Instrument Beschäftigung zu sichern.

Vorgehen

Betriebsrat und Unternehmensleitung nahmen dazu bereits frühzeitig Gespräche auf und einigten sich nach intensiven Verhandlungen über die Fortführung und Weiterentwicklung des Beschäftigungs- und Standortsicherungsvertrages bis zum 31. Dezember 2015. Im Mittelpunkt stand dabei die Sicherung der Stammhausbelegschaft für weitere sechs Jahre. Dazu wurden weitreichende Qualifizierungs- und Ausbildungsmaßnahmen vereinbart. Dies sollte insbesondere Jugendlichen Chancen auf qualifizierte Ausbildung eröffnen und die Grundlage für die notwendigen Fachkräfte der Zukunft legen.

Ergebnisse
Die wesentlichen Vereinbarungen des Beschäftigungs- und Standortsicherungsvertrages sind:
- Höhere Zielgrößen für den Personalstand der Stammbelegschaft (3300 Beschäftigte) bis zum 31. Dezember 2015. Zudem wurden betriebsbedingte Kündigungen für diesen Zeitraum ausgeschlossen.
- Bereitstellung von Ausbildungsplätzen auf hohem Niveau
- Übernahme möglichst aller Auszubildenden in ein unbefristetes Arbeitsverhältnis
- Zusage für zahlreiche künftige Nachfolgeprodukte
- Zusage für den Anlauf eines neuen Produktes (ab 2012)
- Fortführung und Weiterentwicklung der Maßnahmen zur Arbeitszeitflexibilisierung und Arbeitszeitorganisation (neu: mögliche Ausweitung des Arbeitszeitkorridors des Flexikontos im Bedarfsfall auf bis zu 200 Minusstunden)
- Zum Ausgleich von Kapazitätsengpässen kann eine jährlich begrenzte Anzahl von Samstagen zuschlagsfrei vom Unternehmen genutzt werden.
- Der Zusatztarifvertrag über das ausgeweitete Kontingent von Mitarbeitern mit 40-Wochenstunden, vorrangig in der Entwicklung, wird fortgeführt.

Materialien
Materialien finden Sie unter: www.dbrp.de/deutscherbetriebsraete-preis/preis_2010/projekte/andreas_stihl.php

Betriebliche Altersversorgung für Mitarbeiter der Audi Akademie

Gesamtbetriebsrat der Audi Akademie GmbH

Stichworte zum Projekt
- Demografische Entwicklung erfordert Aufbau einer zusätzlichen Alterssicherung
- Vereinbarung kombiniert arbeitgeberfinanzierte Altersvorsorge mit einer geförderten Eigenvorsorge

Unternehmen/Betrieb:	Audi Akademie, Ingolstadt
Branche:	Weiterbildung
Zahl der Mitarbeiter:	248
Gewerkschaft:	IG Metall

Motiv

Vor dem Hintergrund der demografischen Entwicklung werden die Leistungen der gesetzlichen Rentenversicherung in Deutschland künftig nicht mehr den gleichen Stellenwert bei der Absicherung des Lebensstandards im Alter haben wie bisher. Der Aufbau einer zusätzlichen Altersversorgung ist damit von großer Bedeutung. Der Betriebsrat der Audi Akademie GmbH in Ingolstadt ist daher mit dem Arbeitgeber in Verhandlungen über die Einrichtung einer betrieblichen Altersversorgung als Direktzusage getreten.

Vorgehen

Diese Altersversorgung ist in Form eines so genannten Matching-Modells ausgestattet und kombiniert die klassische arbeitgeberfinanzierte Altersvorsorge mit einer durch die Audi Akademie geförderten Eigenvorsorge. Dabei stellt die Audi Akademie eine reine arbeitgeberfinanzierte Grundversorgung zur Verfügung. Im Falle einer Eigenvorsorge stellt die Audi Akademie einen weiteren arbeitgeberfinanzierten Zusatzbeitrag zur Finanzierung der betrieblichen Altersvorsorge bereit.

Das Rentenmodell besteht aus den Komponenten »Grundbeitrag des Arbeitgebers«, »Mitarbeiterbeitrag« und »Zusatzbeitrag des Arbeitgebers«.

Die Finanzmittel werden treuhänderisch verwaltet. Im Falle einer Insolvenz oder einer Übernahme durch andere Unternehmen sind diese Mittel geschützt und können nur für die Rentenzahlung oder für die Finanzierung von Anwartschaften verwendet werden. Damit haben die Mitarbeiter im Falle einer Insolvenz einen direkten, unmittelbaren Anspruch gegenüber dem Treuhänder.

Zu den Versorgungsleistungen zählen Rente wegen Alters, Rente wegen Erwerbsminderung, Rente wegen Todes und bei vorzeitiger Beendigung.

Ergebnisse
Aus Sicht des Betriebsrates ist es damit gelungen, ein modernes, zukunftsweisendes System der betrieblichen Altersvorsorge zu vereinbaren, das auf lange Sicht finanzierbar ist und auch für zukünftige Generationen Bestand haben soll. Durch diese Regelung wird die betriebliche Rente zusätzlich abgesichert und mit der Möglichkeit einer ergänzenden Eigenversorgung gekoppelt.

Materialien
Materialien finden Sie unter: www.dbrp.de/deutscherbetriebsraete-preis/preis_2010/projekte/audi_akademie.php

Maßnahmenbündel zur Arbeitsplatzsicherung

Betriebsrat der August Koehler AG

Stichworte zum Projekt
- Betriebsrat fordert »Runden Tisch« und Gleichbehandlung, um wirtschaftliche Folgen für Belegschaft zu begrenzen
- Konzernbetriebsvereinbarung zur Verkürzung der Arbeitszeit und anteiligem Entgeltverzicht für alle Mitarbeiter

Unternehmen/Betrieb:	August Koehler AG, Oberkirch
Branche:	Papierindustrie
Zahl der Mitarbeiter:	ca. 1480
Gewerkschaft:	IG BCE

Motiv

Die Banken- und Wirtschaftskrise traf mit zum Teil heftigen Folgen auch die Papierindustrie. Bereits zuvor gab es in der Branche Probleme aufgrund von Überkapazitäten. Der Koehler-Konzern war hiervon auch betroffen, was schon in den Jahren 2007 und 2008 zu Werksschließungen in Bensheim und Ettlingen geführt hatte.

Die aktuelle Krise führte dazu, dass bereits mehrfach Maschinen abgestellt wurden, mit Kurzarbeit als Folge. Über Weihnachten und Neujahr 2008/2009 standen alle Maschinen in den Niederlassungen Oberkirch und Kehl still.

Da die Festlegung der Abstellmaßnahmen in den einzelnen Werken aus Sicht des Betriebsrates chaotisch verlief, forderte dieser einen »Runden Tisch«, um diese Maßnahmen abgestimmt und im Sinne der Belegschaft durchzuführen.

Vorgehen

Ab Mitte Januar 2009 trafen sich Vorstand, Spartenleiter, Personalleitung und Betriebsrat wöchentlich, um gemeinsam die wirtschaftliche Situation zu erörtern und Maßnahmen abzustimmen.

In der Folge kam es zu vielen zähen Verhandlungsrunden mit der Geschäftsleitung, um die Folgen der Wirtschaftskrise möglichst schadlos zu überstehen. Von Arbeitgeberseite wurde, neben anderen Kürzungen, die Einführung der 35-Stunden-Woche gefordert.

Die Zielsetzung des Betriebsrates war die Absicherung der Arbeitsplätze an allen drei Standorten. Dies beinhaltete die Vermeidung von betriebsbedingten Kündigungen sowie eine Zuzahlung zum Kurzarbeitergeld zur Absicherung des Lebensunterhalts. Gleichzeitig wurde Wert darauf gelegt, dass es zu einer Einbeziehung und Gleichbehandlung aller Mitarbeiter des Unternehmens kam.

Ergebnisse
Nach schwierigen Verhandlungen wurde mit der Geschäftsleitung eine Konzernbetriebsvereinbarung für den Zeitraum 1.03.–31.12.2009 geschlossen. Diese beinhaltete folgende wesentliche Punkte:
- Für alle Tarifmitarbeiter gilt die 36-Stunden-Woche auf Grundlage des MTV Papierindustrie.
- Für alle AT-Mitarbeiter gilt die 38-Stunden-Woche bei ebenfalls entsprechender Kürzung des Gehalts.
- Vorstand und Leitende Angestellte verzichten anteilig auf Gehalt.
- Mitarbeiter in Altersteilzeit, Teilzeitbeschäftigte und Auszubildende sind von der Kürzung ausgenommen.

Damit hatte der Betriebsrat für die Vertragslaufzeit seine wesentlichen Ziel erreicht.

Nachdem sich die wirtschaftliche Situation im Sommer 2009 wieder erheblich verbessert hatte, wurde vereinbart, ab 1.10.2009 wieder zur tariflichen Arbeitszeit zurückzukehren.

In der Zwischenzeit hatte der Betriebsrat Verhandlungen über eine generelle Zuzahlung bei Kurzarbeit aufgenommen. Im Oktober 2009 wurde dazu eine unbefristete Konzernbetriebsvereinbarung getroffen, wonach bei Kurzarbeit Ausgleichszahlungen in Höhe von 87 % vorgenommen werden. Zusätzlich konnte eine Vereinbarung über die Erhöhung der vereinbarten Erfolgsbeteiligung für alle Mitarbeiter erzielt werden.

Materialien
Materialien finden Sie unter: www.dbrp.de/deutscherbetriebsraete-preis/preis_2010/projekte/august_koehler.php

Standorterhaltung in der Krise

Betriebsrat der Automotive Structure and Components – Deutschland GmbH

Stichworte zum Projekt
- Konsequente Verhandlungsführung und Innovative Lösungsansätze sichern Beschäftigung und Standort
- Interessenausgleich und Sozialplan federn betriebsbedingte Kündigungen ab

Unternehmen/Betrieb: Automotive Structure and Components – Deutschland GmbH, Soest
Branche: Automobilzulieferer
Zahl der Mitarbeiter: 232

Motiv

Die Firma Automotive Structure and Components Deutschland GmbH ist nicht tarifgebunden und produziert Zulieferteile für die Automobilindustrie. Seit Jahren bestehende Defizite in Struktur und Ergebnis verschärften sich Ende 2008 unter dem Druck der Krise. Der amerikanische Mutterkonzern Alcoa entschloss sich zum Personalabbau und zum Verkauf des Standortes.

Ziel des Betriebsrates während dieses langwierigen Umstrukturierungsprozesses war, im Interessenausgleich und Sozialplan den ursprünglich vorgesehenen Personalabbau einzuschränken und die Voraussetzung für eine Standort- und Arbeitsplatzsicherung zu schaffen.

Vorgehen

Im Rahmen der Restrukturierung und des sich anschließenden Verkaufs sollten 40 betriebsbedingte Kündigungen ausgesprochen werden. Der Betriebsrat widersetzte sich dem Personalabbau in diesem Umfang, erarbeitete mit Unterstützung eines externen Beratungsunternehmens ein Alternativkonzept und forderte die Einführung von Kurzarbeit. Schließlich wurde die Einigungsstelle angerufen, mit dem Ziel, Kurzarbeit einzuführen.

Durch Betriebsversammlungen, Aushänge und zum Teil ausführliche Erläuterung der einzelnen Maßnahmen und ihrer Auswirkungen in vielen Einzelgesprächen wurde aktiv die Belegschaft eingebunden. Schließlich konnte die Kurzarbeit durchgesetzt werden, außerdem die Reduzierung der geplanten Kündigungen um 50 %. Im Rahmen von intensiven Verhandlungen wurde der Abschluss einer zwölfmonatigen Transfergesellschaft erzielt. Außerdem konnten ein gut dotierter Sozialplan und ein konditionierter Ausschluss weiterer betriebsbedingter Kündigungen erzielt werden. Im Anschluss daran erfolgten Maßnahmen für einen geplanten Betriebsübergang auf einen neuen Eigentümer, der allerdings nicht vollzogen wurde.

Schließlich konnten die Planungen des Betriebsüberganges auf die Firma BDW Leichtmetall Holding Soest GmbH mit Blick auf die Interessen der Belegschaft erfolgreich begleitet werden. Der Erwerber forderte erhebliche Beiträge der Beschäftigten. Von Seiten des Betriebsrates wurde ein eigenes Konzept zur Sanierung erstellt, das erfolgreich geplante Kündigungen reduzieren, die Geltung des Sozialplans aus 2008 sowie die Einrichtung einer weiteren Transfergesellschaft durchsetzen konnte. Nach Abschluss der Verhandlungen stimmten in geheimer Abstimmung 90 % der Anwesenden den Empfehlungen des Betriebsrates zu.

Ergebnisse

Zum Stand April 2010 konnte durch dieses konsequente Vorgehen der Arbeitnehmervertretung ein Fortbestehens des Betriebes gesichert werden. Ein zwischen Betriebsrat und Erwerber abgestimmtes Sanierungskonzept befindet sich in der Umsetzung, die Aufnahme in Individualarbeitsverträge ist in Vorbereitung. Eine Beschäftigungssicherung wurde bis zum 31.12.2013 erzielt. Zudem ist in 2013 eine Anbindung an die tarifliche Lohnentwicklung der Metall- und Elektroindustrie NRW geplant. Mittlerweile kann beim Auftragsvolumen wieder eine erhebliche Zunahme verzeichnet werden.

Materialien

Materialien finden Sie unter: www.dbrp.de/deutscherbetriebsraete-preis/preis_2010/projekte/automotive_structure.php

Sport frei – eine Belegschaft bewegt sich

Betriebsrat der BASF Services Europe GmbH

Stichworte zum Projekt
- Betriebsrat initiiert Projekte zur Gesundheitsförderung im Unternehmen
- Umfangreiches Maßnahmenpaket motiviert Mitarbeit und sensibilisiert für die Bedeutung von sportlichen Aktivitäten und präventiven Maßnahmen

Unternehmen/Betrieb:	BASF Services Europe GmbH, Berlin
Branche:	Chemie/Dienstleistung
Zahl der Mitarbeiter:	ca. 900
Gewerkschaft:	IG BCE

Motiv

Sportliche Aktivitäten gewinnen im Rahmen einer aktiven Prävention (»früh investieren statt spät reparieren«) im Arbeitsleben zunehmend an Bedeutung. Angeregt durch verschiedene Informationen, Nachfragen und Ideen zu diesem Thema startete der Betriebsrat der in Berlin ansässigen BASF Services Europe GmbH ein Projekt zur Gesundheitsförderung im Unternehmen. Dies sollte zur Gesunderhaltung der Mitarbeiter beitragen und damit Fehlzeiten durch Erkrankungen des Bewegungsapparates reduzieren.

Vorgehen

Nach dem Motto »Selbst ist der Betriebsrat« wurden erste Ideen gesammelt, das mögliche Vorgehen diskutiert, wobei bereits auch Fragen nach den konkreten Inhalten und der Finanzierung auftauchten. Eine Arbeitsgruppe sortierte die Vorschläge und entwickelte für eine Online-Mitarbeiterbefragung einen Fragebogen zum Thema.

Nach Auswertung der Rückläufe folgte der Start für alle Projekt-Aktivitäten. Dazu zählten vorab die Gewinnung von Partnern und Sponsoren (darunter Krankenkassen, ein Pflege- und Kosmetikunternehmen, die IG BCE, der Betreiber einer Fitness-Kette, ein spezialisiertes Beratungsunternehmen etc.).

Das Gesundheitsförderungs-Angebot, das vom Betriebsrat entwickelt wurde, bestand aus einer Vielzahl von Aktivitäten und speziellen Veranstaltungen.

Durchgeführt wurden u. a. ein Firmenlauf, ein so genanntes Newcomer-Training, die Planung und Organisation von Gesundheitstagen und ein ausführliches Rückencoaching.

Konzipiert als Maßnahme der betrieblichen Gesundheitsförderung wurde das Rückencoaching direkt am Arbeitsplatz durchgeführt. Die Mitarbeiter erhielten Einweisungen und umfassende Informationen zu rückengerechtem Bewegungsverhalten. Ergänzend fanden spezielle Standortanpassungen zu dieser Maßnahme in Abstimmung mit Betriebsrat, Unternehmensleitung, Werksarzt, Betriebskrankenkasse und einer Physiotherapeutin statt.

Das Coaching beinhaltete eine Arbeitsplatzbegehung, Gruppeninformationen zur Sensibilisierung der Teilnehmer und Vermittlung von Grundlagen und schließlich ein Einzelcoaching zur Einübung rückengerechter Bewegungsabläufe. Nach vier und weiteren sechs Wochen fand dann zur Überprüfung und Nachhaltigkeitssicherung eine Fortführung des Coachings statt. Den Abschluss bildete eine Evaluation der erzielten Ergebnisse.

Ergebnisse
Insgesamt unterstützten die durchgeführten Aktionen die Mitarbeiter bei der Bewertung ihrer individuellen Leistungsfähigkeit und trugen dazu bei, die Bedeutung der Gesundheitsvorsorge für den Alltag – ob im Unternehmen oder zuhause – zu unterstreichen. Die sportlichen Aktivitäten wirkten als Motivator für das private und berufliche Leben und unterstützen die Verbundenheit der Mitarbeiter mit dem Unternehmen, das damit auch einen Imagegewinn verzeichnen konnte.

Die erfolgreichen Aktivitäten wurden unter Berücksichtigung des Projektes »Generations@work – wie sind Sie betroffen?« aufgesetzt und entwickelt. Darin werden u. a. Fragen zur zukünftigen Arbeitsplatzgestaltung und zu altersgerechten Arbeitsplätzen behandelt.

Materialien
Materialien finden Sie unter: www.dbrp.de/deutscherbetriebsraete-preis/preis_2010/projekte/basf_service.php

Qualifikation und Weiterbildung von Betriebsräten

Betriebsrat der B. Braun Melsungen AG

Stichworte zum Projekt
- Qualifizierung und Weiterbildung der Betriebsräte ist eine der wichtigsten Aufgaben, um auf Augenhöhe mit der Unternehmensseite verhandeln zu können
- Systematische Bedarfsermittlung im BR-Gremium
- Systematische Erhebung des IST-Standes der BR-Mitglieder

Unternehmen/Betrieb:	B. Braun Melsungen AG
Branche:	Pharma-Hersteller
Zahl der Mitarbeiter:	ca. 5500
Gewerkschaft:	IG BCE

Motiv

Gewählte Betriebsräte sind in ihrem Arbeitsleben auf ihre zukünftigen Aufgaben als Betriebsrat nicht ausgebildet worden. Um aber als kompetenter Partner und auf Höhe mit dem Arbeitgeber verhandeln zu können ist die Aneignung von Wissen eine der wichtigsten Aufgaben eines Betriebsrates.

Damit eine systematische und zielgerichtete Qualifizierung und Weiterbildung der einzelnen Betriebsräte stattfinden kann, die sich an betriebsverfassungsrechtlichen sowie den betrieblich wahrzunehmenden Aufgaben (Projekten) orientieren muss, wurde ein Qualifizierungskonzept speziell für Braun-Betriebsräte entwickelt, dass auch auf andere Betriebsratsgremien übertragbar ist.

Vorgehen

1. Gründung einer Projektgruppe
2. Erarbeitung von Projektzielen
   1. Ziel – Erstellen einer Qualifizierungsdatenbank für das BR-Gremium
   2. Ziel – Einführen von Entwicklungsgesprächen
   3. Ziel – Bedarfsgerechte Weiterbildung der einzelnen Betriebsräte
3. Ziel – Qualifizierungsstand des Betriebsrates insgesamt erhöhen

Ergebnisse
Betriebsräte sind Spezialisten für ihre ausgewählten Arbeitsschwerpunkte geworden. Sie sind durch das Qualifizierungskonzept in der Lage ihre Betriebsratsarbeit effektiv und professionell zu gestalten.
- Arbeit in Projekten statt in Ausschüssen durch professionelles Projektmanagement
- Weitergabe von Wissen durch die Präsentation von Seminarinhalten auf BR-Sitzungen
- Statt »Jeder macht alles« Zuordnung kleiner Teams zu Arbeitsschwerpunkten
- Schnelle Reaktion auf betriebliche Problemfelder
- Soziale, methodische sowie rhetorische Kompetenz gegenüber den Gesprächspartnern

Materialien

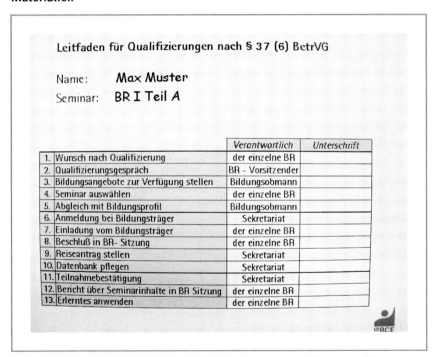

Zur Sicherstellung der Nachhaltigkeit wird für jedes Seminar ein Leitfaden erstellt.

Weitere Materialien finden Sie unter: www.dbrp.de/deutscherbetriebsraetepreis/preis_2010/projekte/bbraun_qualifikation.php

Durchführung einer »Wahlkampf-Kampagne« zur Betriebsratswahl 2010

Betriebsrat der B. Braun Melsungen AG

Stichworte zum Projekt
- Erhöhung der Wahlbeteiligung gegenüber der Betriebsratswahl 2006 am Standort Melsungen bei zirka 5500 wahlberechtigten Beschäftigten
- Durch gezielte Aktionen auf die gute Arbeit des Betriebsrates aufmerksam machen und die Beschäftigten zur Teilnahme an der Betriebsratswahl animieren

Unternehmen/Betrieb:	B. Braun Melsungen AG
Branche:	Pharma-Hersteller
Zahl der Mitarbeiter:	ca. 5500
Gewerkschaft:	IG BCE

Motiv
Eine hohe Wahlbeteiligung bei der Betriebsratswahl signalisiert dem Arbeitgeber, dass die Beschäftigten hinter den Argumenten des Betriebsrates stehen und diesen weiterhin unterstützen werden. Sie ist Grundlage für die weitere Arbeit des Betriebsrates und stärkt seine Verhandlungsposition gegenüber dem Arbeitgeber.

Um letztendlich eine hohe Wahlbeteiligung bei der Betriebsratswahl 2010 zu erreichen bzw. mindestens die Wahlbeteiligung von 2006 zu übertreffen, sah es der amtierende Betriebsrat als Aufgabe an, im Herbst 2009 ein Projekt »Wahlkampf-Kampagne« zu starten.

Vorgehen
Nach der Bildung eines Wahlkampfteams und der Festlegung von Kampagnentiteln sowie der Kreation von eigenen Wahlkampflogos wurden über einen Zeitraum von 8 Monaten vielerlei Aktionen – unter Einbindung der IG BCE – vor der Firma sowie in der Stadt Melsungen durchgeführt.

Bei den Aktionen wurden alle zur Verfügung stehenden Marketinginstrumente wie z. B. das betriebliche Intranet, Betriebs- sowie Abteilungsversammlungen, Handzettel, Flugblätter, Pressemitteilungen, Nutzung der Schwarzen Bretter, Initiativaktionen in den einzelnen Werksteilen, Wahlkampf-T-Shirt, Betriebsrats- und Werkszeitung, Gewinnung von kompetenten Kandidaten und Bekanntmachung im Betrieb mittels Wahlkurier, Einbindung der IG BCE in die Aktionen, Nutzung von Videos und vieles mehr genutzt, um das Ziel einer hohen Wahlbeteiligung zu erreichen.

Ergebnisse
Bei der Betriebsratswahl 2010 wurde eine Wahlbeteiligung von 75 % erzielt. Das ist eine Steigerung gegenüber 2006. Das Ziel des Betriebsrates ist somit in dieser, für die Betriebsräte schwierigen Zeit, erreicht worden:
- Die Arbeit der Betriebsräte wurde in der Belegschaft anerkannt.
- Die Aktionen zur Betriebsratswahl kamen in der Belegschaft an und wurden wahrgenommen.
- Viele Gewerkschaftler haben sich nach Beginn der Aktionen bereit erklärt, für den Betriebsrat zu kandidieren.
- Der Arbeitgeber hat zu dem sehr guten Wahlergebnis positiv Stellung genommen.
- Die Stellung der Gewerkschaft IG BCE im Betrieb wurde gestärkt. Alle 31 Betriebsräte gehören der IG BCE an.
- Die zur Betriebsratswahl initiierte Betriebsratszeitung soll fortgeführt werden.
- Eine Wahlbeteiligung von 80 % wäre erreicht worden, wenn die Auszubildenden und die Außendienstmitarbeiter – die Briefwahl machen mussten – sich besser beteiligt hätten.

Materialien

Weitere Materialien finden Sie unter: www.dbrp.de/deutscherbetriebsraetepreis/preis_2010/projekte/bbraun_qualifikation.php

Verbreiterung der betrieblichen Interessenvertretung bei Kleinstfilialstrukturen

Gesamtbetriebsrat der Berlitz Deutschland GmbH

Stichworte zum Projekt
- Förderung der Bildung von Betriebsräten an bisher betriebsratslosen Standorten durch Beauftragte des Gesamtbetriebsrates
- Zuordnung von Kleinstbetrieben bei den BR-Wahlen 2010 zum nächstgelegenen Betrieb mit Betriebsrat

Unternehmen/Betrieb: Berlitz Deutschland GmbH, Freiburg
Branche: Sprachschule
Zahl der Mitarbeiter: 540

Motiv

Die Berlitz Deutschland GmbH ist eine internationale Sprachschule, die in Deutschland circa 60 Filialen mit etwa 540 Arbeitnehmern im Sinne des BetrVG betreibt. Betriebsräte bestehen an 24 Standorten, die zusammen einen Gesamtbetriebsrat bilden. Bis auf zwei Ausnahmen gibt es an allen Standorten einköpfige Betriebsräte, da der Großteil der Schulen weniger als 20 Arbeitnehmer hat. Bedingt durch den Beruf als Sprachlehrer sind viele Mitarbeiter ausländischer Herkunft. Dieser Umstand stellt eine zusätzliche Herausforderung für die Betriebsratsarbeit dar.

Vorgehen

Der Gesamtbetriebsrat verfolgte bereits lange das Ziel, möglichst allen Mitarbeitern eine betriebliche Interessenvertretung zu sichern. Daher wurde ein Projekt gestartet, um die Bildung von Betriebsräten an bisher betriebsratslosen Betrieben durch Beauftragte des Gesamtbetriebsrates zu fördern. Aufgrund der Änderungen in § 50 Abs. 1 BetrVG beschloss der GBR im Juni 2006, eine Beauftragte für die Standort ohne Betriebsrat zu benennen. Die Beauftragung wurde bis Anfang 2009 auf drei weitere Gesamtbetriebsratsmitglieder erweitert.

Die Aufgaben des Beauftragten bestehen darin, Berlitz-Standorte ohne Betriebsrat zu besuchen und sich dabei ein Bild der Situation vor Ort zu machen, Kontakt zu den Kollegen herzustellen und – vor allem – die Aufgaben eines Betriebsrates und die Vorteile der Vertretung für die Mitarbeiter vorzustellen.

Sollte sich die Belegschaft für die Gründung eines Betriebsrates entscheiden, wird sie vom Beauftragten und einem lokalen Vertreter der GEW dabei unterstützt. Bis zum Zeitpunkt der Bewerbung konnte der Beauftragte Kontakt mit acht betriebsratslosen Betrieben aufnehmen. An drei Standorten kam es bis jetzt zur Wahl eines Betriebsrates.

Ein weiteres Projekt beschäftigte sich mit der Zuordnung von Kleinstbetrieben zum nächstgelegenen Betrieb mit Betriebsrat bei den Betriebsratswahlen 2010 und der Festlegung eines gemeinsamen Wahltermins an circa 20 Standorten. Der Gesamtbetriebsrat hatte festgestellt, dass die Zahl der Berlitz-Schulen mit weniger als fünf Angestellten in den letzten Jahren zugenommen hat. Gemäß § 4 Abs. 1 BetrVG werden solche Kleinbetriebe bei den Betriebsratswahlen dem Hauptbetrieb zugeordnet. Allerdings gibt es bei dem Berlitz-Hauptbetrieb, der Hauptverwaltung in Frankfurt, keinen Betriebsrat. Zudem ist der Hauptbetrieb weit entfernt von vielen Berlitz-Standorten, die über das ganze Bundesgebiet verteilt sind.

Zusammen mit der GEW plante der GBR daher die Zuordnung von Kleinstbetrieben zu nahe liegenden Betrieben mit Betriebsräten anlässlich der Betriebsratswahlen 2010. Um diese Aktion besser zu koordinieren, haben die meisten Schulen am selben Tag ihre Wahl durchgeführt. An einem Standort ist die Zuordnung gelungen. An den beiden anderen Schulen werden die Wahlen von dem Arbeitgeber angefochten. Der Betriebsrat erwartet den Ausgang der Anfechtung.

Ergebnisse
Obwohl es dem Betriebsrat noch nicht gelungen ist, eine flächendeckende Interessenvertretung bei Berlitz Deutschland zu etablieren, wurden in den dargestellten Projekten die ersten Teilerfolge erzielt.

Der Arbeitgeber leistet zum Teil massiven Widerstand gegen die BR-Projekte. In einem Fall wurde ein neugegründeter Betriebsrat ausgehebelt, indem der Arbeitgeber durch willkürliche Versetzung und Vertragsauflösung die Zahl der Arbeitnehmer unter fünf gesenkt und den Standort somit nicht-betriebsratsfähig gemacht hat. Die Wahlanfechtungen sind aus Sicht des Betriebsrates ein weiteres Indiz des Widerstands.

Materialien
Materialien finden Sie unter: www.dbrp.de/deutscherbetriebsraete-preis/preis_2010/projekte/berlitz.php

Flexible Arbeitszeitkonten puffern schwankende Auftragslage ab

Betriebsrat der Broschek Service GmbH

> *Stichworte zum Projekt*
> - Arbeitsplatzsicherung durch Betriebsvereinbarung zu flexiblen Arbeitszeitkonten
> - Verhinderung von finanziellen Einbußen für die Schichtarbeiter auch in Zeiten geringer Auslastung
>
> *Unternehmen/Betrieb:* Broschek Service GmbH, Hamburg
> *Branche:* Buchbinderei/Weiterverarbeitung
> *Zahl der Mitarbeiter:* 50
> *Gewerkschaft:* ver.di

Motiv

Der Betriebsrat der Broschek Service GmbH, mit Sitz in Hamburg, verhandelte mit dem Arbeitgeber der Weiterverarbeitung eine Flexibilisierung der Arbeitszeitkonten. Dies erfolgte gleichermaßen vor dem Hintergrund der angespannten wirtschaftlichen Situation durch Ausbruch der Wirtschaftskrise als auch aufgrund veränderter Anforderungen von Kundenseite.

Vorgehen

Das mit einem Arbeitszeitkonto kombinierte Schichtsystem führte dazu, dass sich alle drei Wochen in der Sonntag-Nachtschicht ein automatisches Zeitguthaben von 7,5 Stunden im Arbeitszeitkonto aufbaut. Unabhängig davon werden Zuschläge immer ausbezahlt. Im Jahresverlauf entsteht dadurch ein durchschnittliches Zeitguthaben von über 120 Stunden. Sollte die Firma eine geringere Auslastung als geplant verzeichnen, kann die Arbeitszeit rechtzeitig, d. h. 48 Stunden vor Arbeitsbeginn abgesagt werden und die Mitarbeiter werden regulär mit 7,5 Stunden vergütet.

Die Betriebsvereinbarung zu Arbeitszeitkonten gilt für alle gewerblichen, festangestellten Arbeitnehmer der Service GmbH, die in den Bereichen Produktion und Logistik regelmäßig im Schichtbetrieb arbeiten.

Ergebnisse

Durch die Betriebsvereinbarung bringt jeder Mitarbeiter insgesamt 17 Arbeitstage pro Jahr ein. Für diese entsteht dadurch kein finanzieller Verlust. Als in der gesamten Schlott Gruppe AG Kurzarbeit für einzelne Standorte vereinbart wurde, da die Druckaufträge zurückgingen, konnte diese Zeit mit der getroffenen Regelung überbrückt werden, ohne dass es zu finanziellen Einbußen für die Belegschaft kam.

Die Flexibilisierung der Arbeitszeitkonten ermöglichte somit, dass sich das Unternehmen auf die geänderten Anforderungen von Kundenseite einstellen konnte und damit eine Vielzahl von Arbeitsplätzen auch in auslastungsschwachen Zeiten gesichert wurde.

Materialien

AUSZUG

1. Geltungsbereich

Diese BV gilt für alle gewerblichen Arbeitnehmer der service, die über einen Vollzeitarbeitsvertrag beschäftigt sind soweit diese in den Bereichen Produktion und Logistik regelmäßig im Schichtbetrieb arbeiten.

2. Arbeitszeitregelung für die Normalschicht

Die durchschnittliche wöchentliche Arbeitszeit beträgt 40,0 Stunden. Es gilt das Schichtmodell, das als Anlage 1 zu dieser BV beigefügt ist. Die Arbeitnehmer der service sind den einzelnen Schichten zugeordnet und arbeiten in der Woche in drei Schichten täglich über je 7,5 Stunden.

Schichtzeiten:
5 Tage Frühschicht   von Montag bis Freitag   von 06:00 Uhr bis 14.00 Uhr
5 Tage Spätschicht   von Montag bis Freitag   von 14:00 Uhr bis 22:00 Uhr
6 Tage Nachtschicht   von Sonntag bis Freitag   von 22:00 Uhr bis 06:00 Uhr

3. Bezahlung der wöchentlichen Arbeitszeit

Abweichend zu der in 2. geregelten Arbeitszeit vereinbaren die Betriebsparteien eine Reduzierung der bezahlten Arbeitszeit um 2,5 Stunden und damit eine vergütete wöchentliche Arbeitszeit von 37,5 Stunden.

Die in der Sonntagnachtschicht geleisteten Grundstunden werden nicht vergütet, sondern als Zeitguthaben in ein Arbeitszeitkonto (im weiteren AZK) gestellt. Sämtliche Zuschläge für die Sonntagnachtschicht werden ausbezahlt.

Weitere Materialien finden Sie unter: www.dbrp.de/deutscherbetriebsraetepreis/preis_2010/projekte/broschek.php

Der BR-Flyer –
ein effizientes Mittel der Öffentlichkeitsarbeit

Betriebsrat der Conrad Schulte GmbH & Co.KG

> *Stichworte zum Projekt*
> - Komprimierte Information der Belegschaft über den Betriebsrat: Personen, Aufgaben, Beratungsangebot
> - Flyer liefert »erste Hilfe« für Ratsuchende
>
> | | |
> |---|---|
> | *Unternehmen/Betrieb:* | Conrad Schulte GmbH & Co.KG, Rietberg |
> | *Branche:* | Lebensmittel |
> | *Zahl der Mitarbeiter:* | ca. 400 |
> | *Gewerkschaft:* | NGG |

Motiv

Präzise informieren, sich gut verkaufen, im Gespräch bleiben. Der Betriebsrat hat viele Möglichkeiten, seine Forderungen und Positionen mitzuteilen. Bewährt sind nicht nur Schwarzes Brett, Zeitung, Informationsdienste oder auch digitale Kommunikationswege. Der gute alte Handzettel, neudeutsch »Flyer« genannt, kann hier ein effektives Instrument sein, um seine Botschaft schnell und prägnant auf den Punkt zu bringen und an alle Mitarbeiter auf einfachem Wege zu verteilen.

Der Betriebsrat der auf Feingebäck spezialisierten Conrad Schulte GmbH & Co. KG aus Rietberg nahm die Betriebsratswahlen 2010 zum Anlass, um sich mit einem solchen Flyer der Belegschaft vorzustellen.

Vorgehen

Wofür steht der Betriebsrat, welche Personen sind darin vertreten, wie sehen diese aus, wie ist der Betriebsrat zu erreichen und welches breite Beratungsangebot deckt er überhaupt ab? Bereits seit längerem wurde die Idee eines Flyers im Gremium diskutiert, die anstehenden Gremienwahlen waren daher ein willkommener Anlass, um dieses Projekt in die Tat umzusetzen.

Der neunköpfige Betriebsrat nutzte den Flyer, um die wesentlichen Informationen auf zwei Seiten zu transportieren, auch um klar zu machen, welche Person für welches Thema der richtige Ansprechpartner für die Belegschaft ist.

Ergebnisse

Die Arbeit des Betriebsrates wird nicht nur nach dem beurteilt, was er getan hat, sondern oft nach dem, was man davon zu sehen bekommt. Umso wichtiger ist es auch, den Kollegen etwas in die Hand drücken zu können, das ihnen kurz und knapp einen Überblick über die handelnden Personen gibt und sie unkompliziert informiert, wo sie schnell Hilfe und Rat finden können. Das Beispiel des Flyers zeigt, dass mit oft einfachen Mittel eine Grundlage für gute Öffentlichkeitsarbeit des Betriebsrates gelegt werden kann.

Materialien

Weitere Materialien finden Sie unter: www.dbrp.de/deutscherbetriebsraetepreis/preis_2010/projekte/conrad_schulte.php

Standortsicherungsprojekt bei der BP

Betriebsrat der Deutsche BP AG, Erdölraffinerie Emsland

Stichworte zum Projekt
- Konzertierte Aktion von Betriebsrat, Gewerkschaft und Geschäftsführung
- Enge Einbeziehung des Betriebsrates in alle Entscheidungen und Einigung auf verbindliche Abläufe, die allen Parteien eine »Reißleine« zur Verfügung stellt

Unternehmen/Betrieb: Deutsche BP AG, Erdölraffinerie Emsland, Lingen
Branche: Chemische Industrie
Zahl der Mitarbeiter: ca. 670
Gewerkschaft: IG BCE

Motiv
Die Erdölraffinerie Emsland, ein Unternehmen der Deutsche BP AG, befand sich angesichts zunehmenden Wettbewerbs unter großem Kostendruck. Es bestand die Gefahr betriebsbedingter Kündigungen und Schließung des Standorts.

Vorgehen
Vor diesem Hintergrund beschlossen Betriebsrat, IG BCE und die Geschäftsleitung ein Standortsicherungsprojekt ins Leben zu rufen, um eine Perspektive für den Fortbestand der Erdölraffinerie zu ermöglichen.

Ziel des Projektes war und ist es, die Kosten soweit in den Griff zu bekommen, um als kleine Raffinerie im Emsland wettbewerbsfähig zu bleiben.

Hierzu wurden gemeinsam mit der Geschäftsführung, allen Kollegen sowie der beteiligten Gewerkschaft und den Kontraktoren eine umfassende Analyse aller Arbeitsbereiche und -prozesse durchgeführt. Dazu wurde eine Arbeitsgruppe eingerichtet, die ihren Schwerpunkt auf die Themen Kostenstabilisierung und Kostenreduktion setzte.

Ergebnisse
Bevor die Arbeiten aufgenommen wurden, einigten sich die beteiligten Parteien auf Spielregeln zum Ablauf und dem weiteren Vorgehen. Diese Spielregeln wurden in einer Betriebsvereinbarung festgeschrieben.

Hauptmerkmale dieser Vereinbarung sind:
- Betriebsbedingte Kündigungen werden ausgeschlossen
- Ein mögliches wirtschaftliches Outsourcing kann nur in räumlicher Nähe des Standortes und im Bereich von IG BCE-Tarifverträgen erfolgen. Dies vor allem, um das Know-how der Mitarbeiter vor Ort zu sichern und auch im Falle eines Outsorcings Arbeitsperspektiven für die betroffenen Kollegen zu bieten.
- Der Betriebsrat wird nicht nur in alle Standortsicherungsprojekte aktiv einbezogen, sondern hat auch eine direkte Mitbestimmung (Co-Management).
- Die Parteien einigen sich auf eine so genannte »Reißleine«. Dies bedeutet, dass bei unvorhergesehenen Entwicklungen oder nicht einvernehmlicher Lösung jede Vertragspartei berechtigt ist, die Reißleine zu ziehen, um dann innerhalb von 48 Stunden eine einvernehmliche Lösung zu erzielen. Dabei werden dann alle Arbeitsgruppen gestoppt.

Materialien
Materialien finden Sie unter: www.dbrp.de/deutscherbetriebsraete-preis/preis_2010/projekte/deutsche_bp_standort.php

Vereinbarkeit von Beruf und Familie

Betriebsrat der Deutsche BP AG, Erdölraffinerie Emsland

Stichworte zum Projekt
- Betriebsrat entwickelt Konzept und Umsetzung für den Aufbau eines integrierten Betriebskindergarten
- Enge Zusammenarbeit mit Jugendämtern und Trägern der Kindergarteneinrichtungen, verbunden mit finanzieller Unterstützung durch den Arbeitgeber ermöglicht Umsetzung innerhalb von zwölf Monaten

Unternehmen/Betrieb: Deutsche BP AG, Erdölraffinerie Emsland, Lingen
Branche: Chemische Industrie
Zahl der Mitarbeiter: ca. 670
Gewerkschaft: IG BCE

Motiv
Die zunehmenden Forderungen bzw. Wünsche aus der Belegschaft nach der Vereinbarkeit von Familie und Beruf stellen viele Unternehmen vor die Frage, welche Möglichkeiten der Kinderbetreuung im Unternehmen geschaffen werden und wie dies konkret vor Ort umgesetzt werden kann. Auch bei der Deutsche BP AG, Erdölraffinerie Emsland, verzeichnete der Betriebsrat zunehmende Fragen nach der Einrichtung eines flexiblen Betreuungsangebots für Kinder.

Vorgehen
Der Betriebsrat initiierte daher einen Workshop zu diesem Thema, sammelte dabei Vorschläge und Ideen und arbeitete auf dieser Grundlage ein Konzept und ein Strategiepapier aus.

Ergebnisse
In Zusammenarbeit mit der IG BCE, den Jugendämtern der Stadt Lingen und des Landkreises Emsland sowie den Trägern der Kindergarteneinrichtungen wurde das umfangreiche Projekt innerhalb eines Jahres erfolgreich umgesetzt. Zu berücksichtigen waren in diesem Zusammenhang u. a. auch die verschiedenen Anforderungen an Krippenbetreuung, Kindergarten und Hort.

Dabei gab es einen wesentlichen Schwerpunkt an kurzfristigen, temporären Betreuungsangeboten (Notfallplatz), der aufgrund der betrieblichen Anforderungen (Vollschichtbetrieb) und Ad-Hoc-Arbeitseinsätzen zu berücksichtigen war.

Im Rahmen des Projektes wurde vereinbart, dass sich die Erdölraffinerie Emsland an den bestehenden Kosten zur Einrichtung der Betreuungsplätze in hohem Maße beteiligt. Auch von Seiten der Mitarbeiter wird ein Beitrag in Form eines Elternbeitrages geleistet.

Allen Beteiligten war es wichtig, dass die geschaffenen Betreuungsplätze vorgehalten werden, auch wenn sie nicht direkt in Anspruch genommen werden. Dadurch können die Anfragen und Bedarfe für die Mitarbeiter kurzfristig und unkompliziert umgesetzt werden.

In einem Festakt Ende Dezember 2008 wurde der Startschuss für das Projekt gegeben und erfreut sich seitdem einer positiven Resonanz aller Beteiligten.

Materialien
Materialien finden Sie unter: www.dbrp.de/deutscherbetriebsraete-preis/preis_2010/projekte/deutsche_bp_betriebskindergarten.php

»Moving – ab jetzt gesund«

Betriebsrat der Deutsche BP AG, Erdölraffinerie Emsland

Stichworte zum Projekt
- Steigerung der Lebensqualität durch langfristig angelegtes Programm zum Gesundheitsmanagement
- Arbeitsmedizinische Untersuchung, Motivations-Seminar und regelmäßiges Trainingsprogramm fördern Gesundheit nachhaltig

Unternehmen/Betrieb:	Deutsche BP AG, Erdölraffinerie Emsland, Lingen
Branche:	Chemische Industrie
Zahl der Mitarbeiter:	ca. 670
Gewerkschaft:	IG BCE

Motiv

Gesundheitsvorsorge und Gesundheitsmaßnahmen gewinnen am Arbeitsplatz zunehmend an Bedeutung. Der Betriebsrat der Erdölraffinerie Emsland hat dazu ein langfristiges Programm zum Gesundheitsmanagement aufgelegt. Ziel: Steigerung der Lebensqualität.

Vorgehen

Das Programm unter dem Titel »Moving – ab jetzt gesund« ist für alle Mitarbeiter des Unternehmens konzipiert, der zur Deutsche BP AG zählt. Startpunkt für das Projekt war 2009. Die Maßnahmen sind auf einen Zeitraum von insgesamt vier Jahren konzipiert und angelegt.

Das Projekt basiert auf ineinandergreifenden Bausteinen und beginnt mit einem freiwilligen Gesundheitscheck durch die Arbeitsmedizin. Danach folgt ein Motivations-Seminar. Dieses beinhaltet eine ausführliche Ernährungsberatung mit einem sich anschließenden wöchentlichen Trainingsprogramm bis zu einem Abschlusscheck nach einem Zeitraum von einem Jahr.

Das Projekt verfolgt das Ziel, unter Berücksichtigung des demografischen Wandels und der damit verbundenen längeren Lebensarbeitszeit – Stichwort »Rente mit 67« – den immer größer werdenden Belastungen am Arbeitsplatz aufgrund einer zunehmenden Arbeitsverdichtung entgegenzuwirken.

Ergebnisse
Unter der von der IG BCE initiierten Kampagne »Gute Arbeit – Gesunde Arbeit« konnte so innerhalb weniger Monate erreicht werden, dass bereits ein Drittel der Belegschaft an diesem Projekt teilgenommen hat.

Materialien
Materialien finden Sie unter: www.dbrp.de/deutscherbetriebsraete-preis/preis_2010/projekte/deutsche_bp_gesundheitsfoerderung.php

Betriebsvereinbarung über Urlaubsgrundsätze und Urlaubsplanung

Betriebsrat der Deutsche Post AG, NL BRIEF Nürnberg

> *Stichworte zum Projekt*
> - Verschlechterung bei Urlaubsplanung und -abwicklung führte zu Unzufriedenheit bei der Belegschaft
> - Vereinbarung regelt verbindlich Grundlagen und Durchführung für eine sichere Urlaubsplanung
>
> *Unternehmen/Betrieb:* Deutsche Post AG, NL BRIEF Nürnberg,
> *Branche:* Postdienstleistungen
> *Zahl der Mitarbeiter:* ca. 4200
> *Gewerkschaft:* ver.di

Motiv

Urlaub und Urlaubsplanung führen in vielen Unternehmen zu Konflikten. Für die Belegschaft ist eine verlässliche Planung dazu unabdingbar, auch wenn der Arbeitgeber aus betrieblichen Gründen eine Verschiebung oder Aussetzung verlangt. Bei der Deutschen Post Niederlassung Brief Nürnberg hatte sich in den letzten Jahren die Urlaubsabwicklung zunehmend verschlechtert – und dies trotz vorhandener gesetzlicher und tariflicher Bestimmungen. Das Unternehmen argumentierte mit drängenden Budgeteinhaltungsgründen, was auf Seiten der Mitarbeiter und des Betriebsrates schließlich dazu führte, dass eine verbindliche Regelung angestrebt wurde, um Urlaubsgrundsätze und Urlaubsplanung im Sinne der Mitarbeiter eindeutig festzulegen.

Vorgehen

Betriebsrat und Arbeitgeber traten in Verhandlungen über eine Betriebsvereinbarung. Nach mehreren Gesprächsrunden, Gremiensitzungen und Verhandlungen wurde schließlich im Rahmen eines Einigungsstellenverfahrens eine Regelung getroffen. Diese Betriebsvereinbarung über Urlaubsgrundsätze und Urlaubsplanung trat erstmals vollständig für das Urlaubsjahr 2009/2010 in Kraft.

Ergebnisse
Gemäß der Vereinbarung soll die Urlaubsplanung die Interessen der Beschäftigten und des Betriebs berücksichtigen und gleichermaßen zur Zufriedenheit und Motivation der Beschäftigten wie zur reibungslosen Betriebsfähigkeit beitragen. Die Gewährung erfolgt gemäß den gesetzlichen und tariflichen Bestimmungen. Dabei sind die persönlichen Wünsche und die betrieblichen Erfordernisse abzuwägen unter Beachtung des Gleichheitsgrundsatzes und der in der Vereinbarung festgelegten Urlaubsgrundsätze.

Die Betriebsvereinbarung regelt u. a.:
- Geltungsbereich
- Grundlagen und Planungszeitraum
- Beantragung des Urlaubs
- Form der Urlaubspläne
- Haupturlaubszeiträume
- Urlaubsabschnitt
- Rangfolge der Urlaubsgewährung
- Beteiligung des Betriebsrates
- Widerruf einer Urlaubszusage
- Sonderurlaub/Bildungsurlaub
- Schlichtungsstelle
- Information der Beschäftigten

Zudem einigten sich die Parteien auf eine Übergangsregelung für die Abwicklung des vorhandenen Resturlaubsanspruchs.

Durch die Betriebsvereinbarung ist die Abwicklung von Erholungsurlaub im Jahr 2009 deutlich gestiegen. Dadurch hat sich nicht nur die Planbarkeit und Sicherheit verbessert, sondern gleichzeitig auch die Motivation der Mitarbeiter.

Materialien
Materialien finden Sie unter: www.dbrp.de/deutscherbetriebsraete-preis/preis_2010/projekte/deutsche_post.php

Betriebsrat kämpft für Erhalt der Mitbestimmung und gegen Beeinflussung der BR-Wahlen 2010

Betriebsrat der DRK Blutspendedienst West gGmbH, Zentrum Münster

Stichworte zum Projekt
- Über Haustarif mit christlicher DHV soll bestehender ver.di-Haustarif ausgehebelt werden
- Arbeitgeber übt massiven Druck auf Belegschaft im Rahmen der Betriebsratswahlen 2010 aus – Strafantrag von ver.di wegen Wahlbeeinflussung

Unternehmen/Betrieb:	DRK Blutspendedienst West gGmbH, Münster
Branche:	
Zahl der Mitarbeiter:	320
Gewerkschaft:	ver.di

Motiv

Der Betriebsrat des DRK Blutspendedienst West, mit Sitz in Münster, führte und führt umfangreiche und zum Teil sehr kontroverse Auseinandersetzungen mit dem Arbeitgeber. Das Unternehmen hatte einen Haustarifvertrag mit der christlichen Gewerkschaft DHV abgeschlossen und versuchte darüber, den mit ver.di in 2007 erstreikten Haustarif auszuhebeln. Aus Sicht des Betriebsrates ist dieser Verband nicht als gegnerunabhängig zu bewerten und der Tarif wird als unwirksam angesehen, da dem DHV die Zuständigkeit für den Blutspendedienst abgesprochen wird.

Hierzu – so die Sicht des Betriebsrates – »kaufte« der Arbeitgeber Neueinzustellende mit einem Einstiegsgehalt, das 25 % über dem Niveau des TVöD (nach eigenen Angaben des Arbeitgebers) liegt, in Arbeitsverträge mit Verweis auf den DHV-Tarif ein. Mitglieder des DHV gibt es im Unternehmen kaum, dafür aber mehrere hundert ver.di-Mitglieder.

Vorgehen

Der Betriebsrat informierte die Belegschaft ausführlich über Hintergründe und Zusammenhänge dieses Vorgehens. Darüber hinaus strebt das Gremium die gerichtliche Klärung der damit einhergehenden Rechtsanfragen an und versucht in einer Einigungsstelle zu einer Vereinbarung über die betriebliche Lohngestaltung zu kommen. Dieses Engagement führte zu dem Versuch des Arbeitgebers, drei Betriebsräten fristlos zu kündigen.

Eine weitere harte Auseinandersetzug hat sich zudem darüber entwickelt, dass der Arbeitgeber versuchte, die Betriebsratswahlen 2010 massiv zu beeinflussen. Betroffen sind die Wahl im Betrieb Münster im April und die Wahl in Breitscheid im Mai 2010.

Ergebnisse
Die Gewerkschaft ver.di stellt aufgrund dieses Vorgehens Strafantrag gegen die beiden Geschäftsführer des DRK Blutspendedienstes. Nach Ansicht der Gewerkschaft wurde der Ausgang der Wahl im Sinne der Geschäftsführung massiv beeinflusst. Im Rahmen einer Mitarbeiter- und Tarifinformation, die an die Privatanschrift der Arbeitgeber zuvor verschickt wurde, hätten diese durch Androhung des Verlustes von Arbeitsplätzen Existenzängste geschürt. Dadurch sollte die Wahl eines dem Arbeitgeber genehmen Betriebsrates durchgesetzt werden.

Drohe der Arbeitgeber für den Fall der Wahl anderer Kandidaten mit Nachteilen, stellt dies sogar eine Straftat wegen Beeinflussung der Betriebsratswahl dar. Die Gewerkschaft verwies in ihrem Schreiben an die Mitarbeiter des DRK-Blutspendedienstes, dass damit aus ihrer Sicht Mitbestimmung und Demokratie im Betrieb und die Zusammenarbeit mit Gewerkschaft und Betriebsrat der Geschäftsführung offensichtlich lästig seien.

Materialien
Materialien finden Sie unter: www.dbrp.de/deutscherbetriebsraete-preis/preis_2010/projekte/drk.php

Beteiligungsorientierte nachhaltige Betriebsratsarbeit

Betriebsrat der E.G.O Elektrogerätebau GmbH

> *Stichworte zum Projekt*
> - Kontinuierliche Kompetenzentwicklung durch strukturiertes lebenslanges Lernen
> - WAP-Methode: Qualifizierungsprofile arbeitsplatznah mit den Beschäftigten zusammen entwickeln und sie aktiv einbeziehen
>
> *Unternehmen/Betrieb:* E.G.O Elektrogerätebau GmbH, Oberderdingen
> *Branche:* Metall- und Elektroindustrie
> *Zahl der Mitarbeiter:* 1937
> *Gewerkschaft:* IG Metall

Motiv

Der Betriebsrat der E.G.O. Elektrogerätebau GmbH sieht einen Schwerpunkt seiner Tätigkeit in der dauerhaften Beteiligung der Beschäftigten an den unterschiedlichen betrieblichen Prozessen und in der konsequenten Förderung von Weiterbildungs- und Weiterentwicklungsmöglichkeiten. Das Projekt Weiterbildung im Prozess der Arbeit (kurz: WAP) basiert auf kontinuierlicher Kompetenzentwicklung durch strukturiertes lebenslanges Lernen. Die zugrunde liegende Idee: Ständige berufliche Qualifizierung oder lebenslanges Lernen ist notwendig, da sich die Anforderungen an die Mitarbeiter ändern. Es ist unerlässlich, die Potenziale durch Qualifizierung zu wecken, damit die Beschäftigten dem technischen Wandel folgen können und dadurch ihr Arbeitsplatz durch die eigene Weiterentwicklung abgesichert wird.

Vorgehen

Bei der Einführung von Gruppenarbeit bei dem Metall- und Elektrounternehmen spielte der Betriebsrat daher eine tragende Rolle. Die Arbeit in den Gruppen wurde beteiligungsorientiert organisiert und die Aufgaben der Gruppen durch Tätigkeiten aus dem Umfeld angereichert. Auf Vorschlag des Betriebsrates in der zuständigen Projektgruppe wurden hier Fachkräfte ausgebildet, die Tätigkeiten aus der Peripherie mit übernommen haben.

Bereits seit 2002 haben BR-Mitglieder Fachtagungen der auf Qualifizierung und Weiterbildung spezialisierten AgenturQ besucht und in Zusammenarbeit mit der Agentur dazu beigetragen, dass Fertigungsfachkräfte und Qualitätsfachkräfte ausgebildet wurden. Dies erfolgte im Rahmen des Projektes »Weiterbildung im Prozess der Arbeit« (WAP). Kerngedanke des WAP-Projektes ist es, Qualifizierungsprofile arbeitsplatznah mit den Beschäftigten zusammen zu entwickeln bzw. die Beschäftigten einzubeziehen. Im Gegensatz zu den üblichen Weiterbildungsmöglichkeiten eines Betriebs, wie z. B. Seminare, entwickeln sich die Mitarbeiter bei WAP direkt an ihrem Arbeitsplatz bzw. an ihrer Arbeitsaufgabe weiter.

Im Oktober 2006 wurde die erfolgreiche Qualifizierung von un- und angelernten Beschäftigten in einer Schriftenreihe der IG Metall gewürdigt.

Nach Beendigung des Projektes WAP 1 hat der Betriebsrat darauf hingearbeitet, dass sich das Unternehmen am Folgeprojekt WAP 2 beteiligte, das eine Laufzeit von März 2008 bis August 2009 hatte. Dadurch konnten in zwei weiteren Produktionsbereichen Fachkräfte ausgebildet werden, und es entstanden neue Qualifikatiionsprofile wie die Logistikfachkraft und die Dispositionsfachkraft.

Ergebnisse
Der Betriebsrat hat die Methode WAP für das betriebliche Methodenhandbuch des betrieblichen Produktionssystems beschrieben, und es wurde als Standardprozess für Qualifizierungsmaßnahmen übernommen.

Den betrieblichen Abschluss der Fachkräfteausbildung bildete die Zertifikatsübergabe an 15 weitere betriebliche Fachkräfte im Dezember 2009. Für die betriebliche Übertragung in die weiteren Produktionen haben Geschäftsführung und Betriebsrat eine Absichtserklärung unterzeichnet.

Insgesamt hat sich während dieser Projekte gezeigt, wie wichtig die Beteilung der Beschäftigten an betrieblichen Prozessen ist und dass Maßnahmen zur Qualifikation fortlaufend weiterentwickelt werden sollten. Dadurch entsteht eine Identifikation mit der eigenen Arbeit und somit Zufriedenheit mit dem täglichen Tun.

Materialien
Materialien finden Sie unter: www.dbrp.de/deutscherbetriebsraete-preis/preis_2010/projekte/ego.php

Tarifvertrag zum Schutz vor veräußerungsbedingten Änderungen

Betriebsrat der ENSO Energie Sachsen Ost AG

Stichworte zum Projekt
- Tarifvertrag ermöglicht »sächsische Lösung« und damit Sicherung der vorhandenen Arbeitsplätze
- Gemeinsames Handeln führt zu verbindlichen Vereinbarungen bis 2017

Unternehmen/Betrieb:	ENSO Energie Sachsen Ost AG, Dresden
Branche:	Energieversorgung/Dienstleistung
Zahl der Mitarbeiter:	ca. 1500
Gewerkschaft:	ver.di/IG BCE

Motiv

Im Jahr 2009 waren die Mitarbeiter der ENSO Energie Sachsen Ost AG, mit Sitz in Dresden, mit dem geplanten Verkauf Ihres Unternehmens (GESO-Gruppe) durch den Hauptaktionär, die Energie Baden-Württemberg AG (EnBW), konfrontiert. Der Betriebsrat führte bereits frühzeitig Gespräche und Verhandlungen mit der Geschäftsleitung, um die Folgen für die Belegschaft abzufedern und eine Standort- und Beschäftigungssicherung zu erzielen.

Vorgehen

Der ENSO-Betriebsrat legte von Beginn an großen Wert darauf, in die Gespräche mit möglichen Käufern eingebunden zu werden und über sondierende Kontakte tiefgreifende Veränderungen für die Belegschaft zu vermeiden. Gleichzeitig wollte man damit auch Einfluss auf die Auswahl des Käufers nehmen.

Ziel war es, eine »sächsische Lösung« zu erzielen, d. h. die Beschäftigung an den vorhandenen Standorten in Kombinationen mit tarifvertraglichen Regelungen zu sichern. Im Sommer 2009 starteten dann Verhandlungen für verbindliche Regelungen zur einer maximal möglichen Absicherung der Mitarbeiter.

Von der Konzeption bis zum vereinbarten Tarifvertrag war es dabei das Bestreben aller beteiligten Parteien (Betriebsrat, Aufsichtsrat, Gewerkschaften sowie Vorstand und Gesellschafter), durch gemeinsames Handeln eine möglichst einvernehmliche Lösung für die Beschäftigten zu finden.

Ergebnisse
Im November 2009 wurden die Verhandlungen mit den Unterschriften der Tarifpartner Arbeitgeberverband AVEU und den Gewerkschaften ver.di und IG BCE abgeschlossen.

Der vereinbarte Tarifvertrag hat Gültigkeit bis zum 31.12.2017 und enthält folgende Eckpunkte für den Fall der Veräußerung der GESO durch die EnBW:
- Sicherung des im Jahr 2008 abgestimmten Personalkonzeptes
- Erhalt der bestehenden Tarifverträge und Betriebsvereinbarungen
- Ausschluss betriebsbedingter Kündigungen bis 2017
- Erhalt der Standorte der GESO-Gruppe
- Weiterführung der Berufsausbildung im bisherigen Umfang
- Zudem wird der vereinbarte Tarifvertrag Bestandteil der Arbeitsverträge der Mitarbeiter.

Materialien
Materialien finden Sie unter: www.dbrp.de/deutscherbetriebsraete-preis/preis_2010/projekte/enso.php

Betriebliches Eingliederungsmanagement

Betriebsrat der Evonik Degussa GmbH – Gemeinschaftsbetrieb Marl

Stichworte zum Projekt
- Gemeinsame Initiative von Arbeitnehmer- und Arbeitgeberseite von der Konzeption über Vereinbarung und Kommunikation bis zur Umsetzung
- Mitarbeiter sind »Herr des Prozesses« – vertrauensvolle Zusammenarbeit als Grundlage für erfolgreiche Berufseingliederung

Unternehmen/Betrieb:	Evonik Degussa GmbH, Marl
Branche:	Chemie
Zahl der Mitarbeiter:	ca. 6500
Gewerkschaft:	IG BCE

Motiv

Vor dem Hintergrund des demografischen Wandels und der ständigen Veränderung in der Berufswelt wurde im Evonik-Gemeinschaftsbetrieb Marl durch Betriebsrat, Schwerbehindertenvertretung (SBV) und Arbeitgeberseite der Prozess für ein betriebliches Eingliederungsmanagement (BEM) entwickelt und erfolgreich umgesetzt.

Vorgehen

Im Rahmen dieses sozialpartnerschaftlichen Ansatzes richtet sich das Berufseingliederungsmanagement – auf Basis des SGB IX § 84 – an alle Mitarbeiter im Unternehmen, die innerhalb eines Jahres länger als sechs Wochen erkrankt waren. Ziele sind die Wiedereingliederung des betroffenen Mitarbeiters in den Arbeitsprozess sowie der langfristige Erhalt des Arbeitsplatzes. Dies umfasst alle Maßnahmen, die geeignet sind, die Beschäftigungsfähigkeit der Mitarbeiter mit gesundheitlichen Einschränkungen oder mit einer Behinderung nachhaltig zu sichern.

Dabei ist der betroffene Mitarbeiter »Herr des Prozesses« – ohne seine Zustimmung werden keine Schritte eingeleitet. Die vertrauensvolle Zusammenarbeit zwischen Arbeitgeber und Betroffenem ist dabei die Grundlage für ein erfolgreiches Berufseingliederungsmanagement.

Zur Umsetzung dieser gemeinsamen Initiative von Arbeitnehmer- und Arbeitgeberseite erfolgte eine intensive Einarbeitung beider Partner in die BEM-Thematik. Dazu wurden fachkundige Kollegen aus Betriebsrat und Schwerbehindertenvertretung in ein gemeinsames Team mit dem Arbeitgeber delegiert. Dieses Team blieb von der Konzeptfindung bis zur Umsetzung unverändert. Die Personalauswahl für das BEM-Team wurde in einem gemeinsamen Assessment-Center getroffen.

Ergebnisse
Von der Konzeption bis zur Durchführung wurde der BEM-Prozess im Gemeinschaftsbetrieb Marl sozialpartnerschaftlich umgesetzt. Es fand dazu eine intensive Einarbeitung in das Thema statt. Der Betriebsrat und die SBV haben die fachkundigen Kollegen durchgängig mit der Aufgabe der Verhandlung, der Prozessgestaltung, der Umsetzung und der weiteren Begleitung betraut. Zudem hat der Betriebsrat an der Besetzung des BEM-Fallbearbeitungsteams mitgearbeitet, so dass allen Fallbearbeitern volles Vertrauen entgegengebracht wird. Zudem wurde für das BEM-Team hinsichtlich Datenschutz und Vertraulichkeit eine vergleichbare Position wie für die hausinterne Sozialberatung erreicht.

Materialien

Weitere Materialien finden Sie unter: www.dbrp.de/deutscherbetriebsraetepreis/preis_2010/projekte/evonik_degussa.php

»Gemeinsam geht es besser«

Betriebsrat der Evonik Power Saar GmbH

Stichworte zum Projekt
- Kontinuierliche Wechselschichten und steigendes Belegschaftsalter hinterlassen zunehmend »Spuren« bei den Mitarbeitern
- Gesundheitszirkel bieten Vielzahl von gesundheitsfördernden Angeboten und präventive Maßnahmen

Unternehmen/Betrieb:	Evonik Power Saar GmbH, Saarbrücken
Branche:	Energieerzeugung
Zahl der Mitarbeiter:	700
Gewerkschaft:	IG BCE

Motiv
Kontinuierliche Wechselschichten und steigendes Belegschaftsalter in Kombination mit einem immer späteren Renteneintrittsalter wirken sich unmittelbar auf die gesundheitliche Situation der einzelnen Mitarbeiter aus. Vor diesem Hintergrund entschied der Betriebsrat der Evonik Power Saar GmbH, Saarbrücken, Gesundheitszirkel zu gründen.

Vorgehen
Unter dem Motto »Gemeinsam geht es besser« entstand in Kooperation zwischen Arbeitnehmervertretern, Personalabteilung und Belegschaft die Idee, an den einzelnen Standorten des Unternehmens, aktiv Gesundheitsfürsorge zu betreiben. In den entstandenen Gesundheitszirkeln können sich die Kolleginnen und Kollegen selbst einbringen, um damit präventiv gegen die ständig steigenden Anforderungen gesundheitliche Maßnahmen durchzuführen.

Ergebnisse
Die Ergebnisse der Gesundheitszirkel führten bisher zu einer Vielzahl von positiven Veränderungen und konkreten Projekten. Dazu zählen:
- Gründung von Betriebssportgruppen mit z. B. Wirbelsäulengymnastik
- Lauftreff
- Fahrradgruppe

- Rückenschule
- Ernährungsseminaren (in Kooperation mit Krankenkassen)
- Einrichtung von Fitness-Studios in den Betrieben
- Tariflicher Mehrfreizeit für Mitarbeiter ab dem 52. Lebensjahr, die in Wechselschicht arbeiten

Materialien
Materialien finden Sie unter: www.dbrp.de/deutscherbetriebsraete-preis/preis_2010/projekte/evonik.php

Zukunft in der Krise gestalten – gerade für junge Menschen

Betriebsrat der Festo AG & Co.KG

Stichworte zum Projekt
- Nutzung aller beschäftigungssichernden Maßnahmen – »Stunden statt Menschen entlassen«
- Trotz massiver Auftragseinbrüche wurde kein unbefristet Beschäftigter entlassen

Unternehmen/Betrieb:	Festo AG & Co.KG, Esslingen/N.
Branche:	Maschinenbau – Automatisierung
Zahl der Mitarbeiter:	ca. 3800 (Esslingen); ca. 2200 (St. Ingbert-Rohrbach)
Gewerkschaft:	IG Metall

Motiv

Die Firma Festo, mit zwei Standorten in Deutschland, wurde seit Ende 2008 mit schweren konjunkturellen Auftragseinbrüchen konfrontiert – eine für das Unternehmen bislang unbekannte Situation. Ziel des Betriebsrates war es daher seit Ende 2008, die Beschäftigungssicherung für alle Mitarbeiter und die Zukunftsperspektiven gerade auch für die jungen Menschen im Betrieb zu sichern.

Vorgehen

Im Herbst 2008 fanden dazu Verhandlungen mit der Geschäftsführung statt, die zu einer Beschäftigungssicherung nach Tarifvertrag führten. Im Februar und März 2009 stieg die komplette Belegschaft der Festo AG & Co. KG in Deutschland mit einer Absenkung von 3 Stunden pro Woche in die Beschäftigungssicherung gemäß Tarifvertrag ein. Zentrale Elemente waren und sind 2010 nach wie vor:

- Ausschluss von betriebsbedingten Kündigungen während der Laufzeit
- Konjunkturdynamische Anpassung der Arbeitszeiten an den geplanten Auftragseingang; Absenkung von max. 5 Stunden pro Woche
- Absicherung von Urlaubs-/Weihnachtsgeld auf Basis des ungekürzten Entgelts
- Übernahme der Azubis und Dual-Studierenden

Die sich verschärfende Krise in 2009 führte dazu, dass kaum noch Leiharbeitnehmer beschäftigt und befristete Verträge nur noch vereinzelt verlängert wurden. Der Betriebsrat drängte zum Erhalt der Beschäftigung, in Kurzarbeit zu gehen, wobei die finanzielle Belastung so gering wie möglich sein sollte. Sukzessive wurden die Maßnahmen an den Standorten umgesetzt.

Ergebnisse
Für die Azubis und Absolventen des Dualen Studienganges im Jahr 2009 konnte der Betriebsrat zusätzlich erreichen, dass auch im Sommer und Herbst 2009 eine unbefristete Übernahme erfolgt. Außerdem wurden wie geplant insgesamt 109 neue Azubis und Dual-Studierende an den Standorten neu eingestellt. Im Herbst 2009 entschied der Vorstand, dass diese ab 2010 gemäß Tarifvertrag nur noch für zwölf Monate befristet übernommen werden sollen. Dieser Bruch mit der Festo-Tradition führte zu mehreren Krisengipfeln, Betriebsversammlungen und weiteren Protestaktionen. Schließlich verhandelten Gesamtbetriebsrat und Gesamt-JAV mit der Geschäftsleitung zentrale Eckpunkte zur »Übernahme der AuslernerInnen«:
- Erhöhung der Neueinstellungen von Azubis und Dual-Studierenden auf 90 statt 68
- Wahlmöglichkeit für AuslernerInnen/Studierende, einen 24-monatigen Teilzeitvertrag zu erhalten mit mindestens 50% Beschäftigungsgrad, dabei die Möglichkeit, bedarfsorientiert auch 100% zu arbeiten, z. B., wenn Leiharbeiter im entsprechenden Bereich eingesetzt werden
- Ausschließlich im Krisenfall: Überprüfung der wieder unbefristeten Übernahme spätestens 2012

Die Vereinbarung, 24 Monate beschäftigt zu sein, schafft für die jungen Mitarbeiter die Möglichkeit, anschließend eine Qualifizierungsmaßnahme zu beginnen, sollte eine Weiterbeschäftigung am Ende der Befristung nicht möglich sein. Damit erfüllen die jungen Mitarbeiter die formale Anforderung einer zweijährigen Berufserfahrung und können eine Qualifizierungsmaßnahme, wie z. B. Meister oder Techniker oder ein weiterführendes Studium beginnen. Nach einer nur 12-monatigen befristeten Beschäftigung wäre dies nicht möglich gewesen. Azubis und Studierende haben damit bei Festo weiterhin eine Zukunftsperspektive.

Materialien
Materialien finden Sie unter: www.dbrp.de/deutscherbetriebsraete-preis/preis_2010/projekte/festo.php

Einsatz für langfristige Standortsicherung

Betriebsrat der FRIWO AG

> *Stichworte zum Projekt*
> ■ Strategische Nutzung der Möglichkeiten des Aktiengesetzes in Verbindung mit dem Betriebsverfassungsgesetz
> ■ Einsatz von Netzwerken und Qualifizierungsmaßnahmen für die Projektplanung und Projektumsetzung
>
> *Unternehmen/Betrieb:* FRIWO AG, Ostbevern
> *Branche:* Elektroindustrie
> *Zahl der Mitarbeiter:* 275
> *Gewerkschaft:* IG Metall

Motiv
Zur Steigerung des Unternehmenswertes wurde bereits 1999 ein so genanntes »Portfolio Review« für die FRIWO AG in Ostbevern erstellt. Diese Analyse, durchgeführt von der DELTON AG, zum damaligen Zeitpunkt Gesellschafter der FRIWO, fiel negativ aus, da die Kriterien, die dieses Unternehmen an ein Kerngeschäft stellte, nicht erfüllt wurden. Vor diesem Hintergrund wurde für das Folgejahr eine erneute Überprüfung vorgesehen. Ergebnis: Für 2001 wurde von der Unternehmensleitung das Schließungskonzept für den Fertigungsstandort Ostbevern vorgelegt.

Vorgehen
Der Betriebsrat entwickelte daher ein Konzept – von der Strategie bis zur Realisierung –, um einen langfristigen Fortbestand des Fertigungsstandortes Ostbevern zu erreichen. Dazu wurden gezielt die strategischen Möglichkeiten des Aktiengesetzes in Verbindung mit dem Betriebsverfassungsgesetz genutzt. Das Konzept wurde 2002 vorgelegt und dann in den Folgejahren erfolgreich umgesetzt. Dazu wurde u. a. ein Interessenausgleich über Strukturmaßnahmen verhandelt und vereinbart. Dieser beinhaltete auch Regelungen über eine Beschäftigungs- und Qualifizierungsgesellschaft sowie einen Sozialplan.

In 2008 erfolgten eine erneute Veränderungen der Eigentümerstruktur des Unternehmens und damit verbunden Diskussionen zwischen Geschäftsführung und Betriebsrat über die Weiterführung der Fertigung am Standort Ostbevern.

Ergebnisse
Die gesamte Projektplanung und Realisierung wurde ohne Hinzuziehung von Beratern durchgeführt. Der Betriebsrat nutzte vielmehr intensiv vorhandene Netzwerke und führte eigene Qualifizierungsmaßnahmen durch.

Zum Zeitpunkt der Einreichung der Unterlagen liegen dem Betriebsrat positive Erklärungen der Arbeitgeberseite zur langfristigen Weiterführung des Fertigungsstandortes in Ostbevern vor.

Materialien
Materialien finden Sie unter: www.dbrp.de/deutscherbetriebsraete-preis/preis_2010/projekte/friwo.php

Betriebsvereinbarung zur Arbeitszeit

Betriebsrat der GDV Dienstleistungs-GmbH & Co. KG

Stichworte zum Projekt
- Wünsche der Arbeitnehmer bei Dienstplanung haben Priorität
- Freiwillige Teilnahme an Überstunden und Saisonzeiten in Verbindung mit hohen Zuschlägen

Unternehmen/Betrieb: GDV Dienstleistungs-GmbH & Co. KG, Hamburg
Branche: Finanzdienstleistungen/Versicherungen
Zahl der Mitarbeiter: 288

Motiv
Die Geschäftsführung der GDV Dienstleistungs-GmbH, ein auf Finanzdienstleistungen und Versicherungen spezialisiertes Hamburger Unternehmen, hatte die Absicht einer weitestgehenden Arbeitszeitflexibilisierung und strebte zudem eine Regelung mit der Belegschaft an, die u. a. 20 000 Überstunden pro Jahr festschreiben sollte. Aus Sicht des Betriebsrates standen demgegenüber die Interessen der Beschäftigten und das Ziel, Familie und Beruf in einen für beide Seiten tragbaren Einklang zu bringen.

Vorgehen
Zwischen Mitarbeitervertretung und Geschäftsführung gab es dazu einen intensiven Meinungsaustausch, der schließlich zu ausführlichen Verhandlungen und zum Abschluss einer Betriebsvereinbarung führte.
  Zu den Kernpunkten der Betriebsvereinbarungen zählen folgende Regelungen:
- Lage und Umfang der wöchentlichen Arbeitszeit: Hier konnte die Interessenvertretung erreichen, dass die Wünsche der Arbeitnehmer Priorität haben, dies auch bei ungleich verteilten Arbeitszeitwünschen. Die Arbeitnehmer können im Rahmen von Wunschdienstplänen u. a. Sperrzeiten bestimmen, in denen sie nicht eingesetzt werden dürfen, z. B. aus Gesundheits- und Pflegegründen oder zur Wahrnehmung von Erziehungsaufgaben.
- Anpassung der Arbeitszeiten an einen bewiesenen Bedarf: Geregelt wurde die freiwillige Teilnahme an Überstunden und Saisonzeiten mit weit über den

üblichen Standard hinausgehenden Zuschlägen (50 %). Berücksichtigt wird auch ein zwingender Ausgleich von zusätzlichen Arbeitszeiten innerhalb eines Jahres.
- Personalbestand: Der Betriebsrat hat jederzeit das Recht, die Einhaltung dieser Betriebsvereinbarung zu kontrollieren. Auf sein Verlangen sind ihm alle Informationen und Unterlagen, insbesondere zur Personaleinsatzplanung, in der im Betrieb vorhandenen Form zur Verfügung zu stellen. Beschwerden von Arbeitnehmern über die Dienstplanung, die vom Betriebsrat als berechtigt angesehen werden, werden unmittelbar geprüft und das Ergebnis der Prüfung dem Arbeitnehmer und dem Betriebsrat mitgeteilt. Die weitergehenden Rechte nach § 85 BetrVG bleiben unberührt.

Ergebnisse
Die geschlossene Betriebsvereinbarung enthält aus Sicht des Betriebsrat beispielhafte und über das einzelne Unternehmen hinausreichende Regelungen, die sowohl die Arbeitszeitsouveränität der Arbeitnehmer berücksichtigt als auch die wirtschaftlichen Interessen und den Einsatzbedarf des Unternehmens.

Materialien
Materialien finden Sie unter: www.dbrp.de/deutscherbetriebsraete-preis/preis_2010/projekte/gdv.php

Variable Gehälter auf freiwilliger Basis

Gesamtbetriebsrat der Hogg Robinson Germany GmbH & Co. KG

Stichworte zum Projekt
- Einführung eines erfolgsabhängigen Entlohnungsmodells
- Betriebsvereinbarung regelt Variabilisierung auf freiwilliger Basis, auch für Beschäftigte, die nicht tariflich gebunden sind

Unternehmen/Betrieb:	Hogg Robinson Germany GmbH & Co. KG, Köln
Branche:	Unternehmensdienstleistungen
Zahl der Mitarbeiter:	ca. 800
Gewerkschaft:	ver.di

Motiv

Die Geschäftsführung der Hogg Robinson Germany mit Sitz in Köln plante, im Rahmen von Umstrukturierungsmaßnahmen für die Beschäftigten aus dem Vertriebsbereich die Gehälter zu variabilisieren.

Vorgehen

Der Gesamtbetriebsrat des Unternehmens hatte das Ziel, die Einführung einer erfolgsabhängigen Entlohnung auf freiwilliger Basis zu vereinbaren. Nach verschiedenen Verhandlungsrunden einigte sich die Interessenvertretung mit der Geschäftsführung auf eine Betriebsvereinbarung zur Einführung eines neuen Entlohnungsmodells für Teilbereiche der Hogg Robinson GmbH & Co. KG.

Ergebnisse

Im Rahmen dieser Betriebsvereinbarung wurde ein neues, erfolgsabhängiges Entlohnungsmodell eingeführt. Dabei enthält die Vereinbarung folgende Regelung zum Geltungsbereich:
- »Für zum Zeitpunkt des Abschlusses dieser Vereinbarung bei HRG Germany angestellte und vom Interessenausgleich [...] erfasste Mitarbeiter gilt sie nur insofern, dass sich Mitarbeiter freiwillig zur Teilnahme bereit erklärt haben.«

Hinsichtlich der Anwendung des Modell auf tariflich eingruppierte und außertarifliche Mitarbeiter wurde vereinbart:

- »Für Mitarbeiter, die nicht tariflich eingruppiert sind, wird das Jahresgrundgehalt individuell im Rahmen des Arbeitsvertrages festgelegt. Für Mitarbeiter, die tariflich eingruppiert sind, wird die im Tarifvertrag vorgesehene tarifliche Sonderzahlung leistungsbezogen variabilisiert [...] und als Teil der [...] definierten variablen Komponenten betrachtet.«

In Kooperation mit den betroffenen Beschäftigten ist es dem Gesamtbetriebsrat damit gelungen, diese Variabilisierung auf freiwilliger Basis zu erreichen und dies auch für Mitarbeiter, die nicht tariflich gebunden sind.

Materialien
Materialien finden Sie unter: www.dbrp.de/deutscherbetriebsraete-preis/preis_2010/projekte/hogg_robinson.php

Flexible Arbeitszeitgestaltung – vom Pilotprojekt zum Regelbetrieb

Betriebsrat des Internationalen Bundes, Verbund Baden e. V.

Stichworte zum Projekt
- Betriebsrat vereinbart Pilotprojekt zur Einführung von flexiblen Arbeitszeitmodellen
- Freiwilligkeit, freie Wahlmöglichkeit und einfache Handhabung der Zeiterfassung schaffen hohe Akzeptanz in der Belegschaft

Unternehmen/Betrieb:	Internationaler Bund e. V., Karlsruhe
Branche:	Jugend-, Sozial- und Bildungsarbeit
Zahl der Mitarbeiter:	ca. 500
Gewerkschaft:	GEW/ver.di

Motiv

Der Internationale Bund Verbund Baden ist ein Anbieter von Arbeitsmarktdienstleistungen nach SGB II und III. Außerdem unterhält er eine Privatschule. In einem Strategieworkshop beschloss die Geschäftsführung, das Unternehmen zum attraktivsten Arbeitgeber in der Bildungsbranche in der Region Baden zu machen. Der Betriebsrat hat diese Ankündigung zum Anlass genommen, um mit der Geschäftsleitung verschiedene Projekte und Maßnahmen zu vereinbaren, die aus Sicht der Beschäftigten zu einem attraktiven Arbeitgeber gehören. Wichtig war dabei, dass bei der Umsetzung die verschiedensten Beschäftigungsgruppen (Mitarbeiter in der GmbH, Mitarbeiter im e. V., Honorarbeschäftigte) und der z. T. auch hohe Altersdurchschnitt Berücksichtigung finden.

Vorgehen

Zum Bereich Flexibilisierung der Arbeitszeit und Gestaltung von arbeitnehmerfreundlichen Arbeitszeitmodellen vereinbarte der Betriebsrat einen Modellversuch mit dem Arbeitgeber. Ausgangspunkt dafür war eine Betriebsversammlung im Jahr 2007, die in Form eines Workshops durchgeführt wurde. Die etwa 250 Teilnehmer erarbeiteten in verschiedenen Arbeitsgruppen Ideen und Vorstellungen dazu, die dann an die Belegschaft übermittelt wurden und die Grundlage für die Verhandlungen mit dem Arbeitgeber bildeten. Nach über dreijährigen Verhandlungen einigten sich beide Seiten, ein Pilotprojekt zum Thema

Arbeitszeitmodelle in einem ausgewählten Querschnitt von Teams durchzuführen (mit etwas 50–80 Teilnehmern).

Ergebnisse
Zum Zeitpunkt der Bewerbung um den Deutschen Betriebsräte-Preis 2010 lagen folgende Ergebnisse für dieses Pilotprojekt vor:
- Die Flexibilisierungsmöglichkeiten finden großen Anklang in den Modellteams. Das gilt insbesondere für die freie Wahlmöglichkeit des Arbeitszeitmodells.
- Anstehende Unklarheiten und noch offene Regelungstatbestände konnten im Dialog mit den Pilotteilnehmern einvernehmlich geregelt werden.
- Die Nachfrage zur Teilnahme am Pilotversuch stieg kontinuierlich an, so dass weitere Teilnehmer aufgenommen wurden.
- Die Zeiterfassung im Rahmen eines IT-Tools zeichnet sich durch hohe Bedienerfreundlichkeit aus, da Änderungsvorschläge aus dem Pilotteam erfolgreich eingebaut werden konnten.
- Die Pilotphase wird Ende März 2011 abgeschlossen sein. Bis zu diesem Zeitpunkt soll die endgültige Betriebsvereinbarung abgeschlossen werden, so dass der Pilotbetrieb in den Regelbetrieb übergehen kann.
- Der Betriebsrat konnte seine zentralen Punkte, wie Freiwilligkeit, freie Auswahlmöglichkeit der Arbeitszeitmodelle, einfache Handhabung der Zeiterfassung und paritätische Konfliktregelung durchsetzen. Diese hat zu einer hohen Akzeptanz des Projektes beigetragen.

Parallel zu diesem Projekt konnte der Betriebsrat zudem erreichen, dass Beschäftigte, für die keine tariflichen Regelungen, gesetzlichen Vorgaben oder Betriebsvereinbarungen gelten, bei der Besetzung von Stellen im Internationalen Bund e. V. anhand einer Regelabrede bevorzugt eingestellt werden. Außerdem konnte für diese Personengruppe eine Verbesserung verschiedener Entlohnungsmodalitäten erzielt werden.

Außerdem wurde ein paritätisch besetztes Integrationsteam gebildet, das sich regelmäßig zu Sitzungen trifft. Themen sind u. a. Schwerbehindertenförderung im Betrieb und die Einstellung von schwerbehinderten Arbeitnehmerinnen und Arbeitnehmern in den Betrieb. Der Arbeitsschwerpunkt war die Implementierung eines Betrieblichen Eingliederungsmanagements nach den gesetzlichen Vorgaben und dessen Umsetzung vor Ort.

Materialien
Materialien finden Sie unter: www.dbrp.de/deutscherbetriebsraete-preis/preis_2010/projekte/internationaler_bund.php

»miteinander arbeiten« – vertrauliche Konfliktberatung im Unternehmen

Betriebsrat der K+S AG

Stichworte zum Projekt
- Projekt für die professionelle Beratung von Mitarbeitern bei beruflichen Konflikten
- Externe Trainer bieten kostenfreie Hilfestellung und unterstützen den Prozess der Kommunikation im Unternehmen

Unternehmen/Betrieb:	K+S AG, Kassel
Branche:	Bergbau
Zahl der Mitarbeiter:	532
Gewerkschaft:	IG BCE

Motiv
Der Betriebsrat des K+S-Standortes Kassel entwickelte ein Projekt für die professionelle Beratung der Mitarbeiter bei beruflichen Problemen. Vor dem Hintergrund, dass sich Rollen und Aufgaben, Regeln und Strukturen in der Arbeitswelt immer schneller verändern, kommt es zunehmend zu einem Spannungsfeld von Mensch-Organisation-Arbeit. Dabei entwickeln sich Beziehungen und Konflikte unterschiedlicher Arbeit. Wie kann damit im Unternehmen umgegangen werden, welche Formen der Kommunikation stehen zur Verfügung, wie lassen sich Spannungsfelder abbauen, welche Chancen bieten Veränderungen?

Vorgehen
Um den Dialog im Unternehmen zu fördern und ggf. fehlende Kommunikation auszugleichen, setzte der Betriebsrat das Projekt »miteinander arbeiten« auf. Dabei bieten externe, unabhängige Trainer und Konfliktberater telefonische und persönliche Beratung zu verschiedensten Themen aus dem beruflichen Alltag an. Diese Beratung ist kostenlos und kann auf Wunsch anonym erfolgen.

Ziel ist es, den Mitarbeitern konkrete Hilfestellung bei Problemlösungen zu geben, gemeinsam Handlungsoptionen zu entwickeln und neue Impulse bei Konflikten zu geben. Insgesamt soll dadurch die Kommunikation innerhalb des Unternehmens verbessert und die Motivation der Mitarbeiter gesteigert werden.

Ergebnisse
Die Interessenvertretung entwickelte dazu u. a. einen Flyer, in dem das Angebot zur Kommunikation und für den gemeinsamen Dialog übersichtlich dargestellt wird. Gleichzeitig werden darin mögliche Problemfelder aufgezeigt und Lösungswege angeboten. Der Betriebsrat nutzt das Medium zudem dazu, sich mit kurzen Statements zum Thema und Fotos vorzustellen und gibt gleichzeitig konkrete Informationen für die Beratung an die Hand.

Materialien

Weitere Materialien finden Sie unter: www.dbrp.de/deutscherbetriebsraetepreis/preis_2010/projekte/k_u_s.php

Tag der Ideen

Betriebsrat der Klinikum Peine gGmbH

Stichworte zum Projekt
- Betriebliches Vorschlagswesen durch aktive Einbeziehung der Mitarbeiter reaktivieren
- »Raum der Ideen« bietet Mitarbeitern die Möglichkeit, Vorschläge direkt einzubringen und mit Kollegen und Führungskräften zu diskutieren

Unternehmen/Betrieb: Klinikum Peine gGmbH, Peine
Branche: Gesundheitswesen
Zahl der Mitarbeiter: ca. 700
Gewerkschaft: ver.di

Motiv

Im Klinikum Peine war das betriebliche Vorschlagswesen in den vergangenen Jahren zum Erliegen gekommen. Lediglich drei bis fünf Vorschläge wurden pro Jahr von den Mitarbeitern eingereicht. Hinzu kam, dass die eingereichten Ideen oft nicht veröffentlicht oder umgesetzt wurden. Gleichzeitig verschärft sich für das Klinikum die wirtschaftliche Situation aufgrund der strukturellen Veränderungen im Gesundheitswesen. Personaleinsparungen und Budgetierung der Ausgaben erhöhen den Druck auf Angestellte und Klinikleitung. Die Mitarbeiter sollten durch aktive Einbindung ihrer Vorschläge für die kommenden Herausforderungen motiviert werden.

Vorgehen

Vor diesem Hintergrund entwickelte der Betriebsrat nach Absprache mit der Krankenhausdirektion das Projekt »Tag der Ideen« im Klinikum Peine. Dazu sollten an einem Tag alle anwesenden Mitarbeiter aufgefordert werden, sich mit ihren konkreten Ideen, Veränderungs- und Verbesserungsvorschlägen einzubringen. Alle Mitarbeiter wurden durch einen Mitarbeiterbrief informiert und aufgefordert, sich aktiv zu beteiligen.

Am Tag der Durchführung wurden alle Eingangstüren und Umkleideräume mit Hinweisen zum Ideentag versehen. Ein zentraler Raum wurde für die Ideensammlung zur Verfügung gestellt und kontinuierlich mit einem Betriebsratsmitglied besetzt, um Ideen aufzunehmen. Zudem waren mobile Teams in allen Schichten unterwegs, um Anregungen und Vorschläge der Mitarbeiter direkt vor Ort abzufragen und einzusammeln.

Ergebnisse
Insgesamt konnten über 170 Vorschläge, Verbesserungen und Ideen gesammelt und dokumentiert werden. Dabei wurde besonders die Möglichkeit genutzt, im Raum der Ideen mit anderen Mitarbeitern oder Führungskräften zu diskutieren. Zwei Wochen nach der Veranstaltung wurden alle Ideen auf einer Betriebsversammlung präsentiert und eine Clusterung zu den Themengebieten vorgenommen. Im Anschluss daran erfolgte eine Bewertung aller eingereichten Vorschläge, zudem wurde eine Prioritätenliste erstellt. Die Ideen wurden ins Intranet eingestellt.

Für jeden Mitarbeiter ist damit auch aktuell der jeweilige Umsetzungsstand nachzuvollziehen. Durch diese Transparenz in den Entscheidungen wird den Mitarbeitern der eigene Einfluss auf die betrieblichen Abläufe deutlich. Von der Seiten der Belegschaft ist ein hohes Interesse an der Umsetzung zu beobachten und auch der Arbeitgeber zeigte sich beeindruckt von der Resonanz und dem Engagement der Mitarbeiter. Geplant ist nun, diese Form der Ideenfindung nach Abarbeitung verschiedener Themenfelder zu wiederholen.

Materialien
Materialien finden Sie unter: www.dbrp.de/deutscherbetriebsraete-preis/preis_2010/projekte/klinikum_peine.php

»Arbeitsgemeinschaft Protest« gegen die Folgen der Gesundheitsreform

Betriebsrat der Kliniken des Landkreises Lörrach GmbH –
Klinikverbund Lörrach/Rheinfelden/Schopfheim

> *Stichworte zum Projekt*
> - Zunehmender Fachkräftemangel durch Gesundheitsreform und Abwanderung durch Grenznähe
> - Konzertierte Aktion im Klinikverbund schafft Öffentlichkeit und weist auf Notlage für Mitarbeiter und Unternehmen hin
>
> *Unternehmen/Betrieb:* Klinikverbund Lörrach/Rheinfelden/Schopfheim
> *Branche:* Gesundheitswesen
> *Zahl der Mitarbeiter:* 1250
> *Gewerkschaft:* ver.di/Marburger Bund

Motiv

In Folge des Kostendruckes durch die Gesundheitsreform verzeichnete der Klinikverbund zunehmenden Personalnotstand und Versorgungsengpässe. Dies führte unter anderem zu Personalengpässen mit der Folge, dass vier Intensivbetten über zwei Monate nicht belegt werden konnten. Im März 2008 trafen sich in Lörrach auf Einladung des Gesamtbetriebsrates der Kliniken des Landkreises Lörrach GmbH die BR-Vorsitzenden verschiedener Einrichtungen aus der süddeutschen Region, um sich über die Situation der Beschäftigten und Patienten im Gesundheitswesen auszutauschen.

Vorgehen

Angesichts der in der Sitzung festgestellten Zustände in den Kliniken wurde spontan die Gründung einer »Aktionsgemeinschaft Protest 2008 Südbadischer Kliniken« beschlossen. Das Ziel war, in der Öffentlichkeit und der Politik »mit einer Stimme«, auf die Folgen der Gesundheitsreform aufmerksam zu machen, um Verbesserungen einzufordern.

Verschärft wurde die personelle Situation in den Kliniken noch durch die finanziell besseren und attraktiveren Arbeitsplatzangebote der grenznahen Schweiz. Gefördert wurde die Abwanderung durch die immer höher werdende Arbeitsbelastung und durch Einstellungen mit geringer Entlohnung über Servicegesellschaften.

Die Arbeitsgemeinschaft ging daher verstärkt an die Öffentlichkeit, nutzte offensiv die Medien und verschiedene Kontakte zur Politik, um auf diese Probleme deutlich und nachhaltig hinzuweisen.

Die Kontaktversuche – besonders zur Politik, der Bundesregierung und hochrangigen Vertretern des Gesundheitswesens – waren zum Teil mühsam und es war ein langer Atem notwendig, um bis zu den entsprechenden Stellen und Verantwortlichen vorzudringen.

Ergebnisse
Die Arbeitsgemeinschaft initiierte Informationsveranstaltungen für die Belegschaften und Diskussionsrunden mit hochrangigen Vertretern aus dem Bundesgesundheitsministerium. Zudem hat man mit Infoveranstaltungen auf öffentlichen Plätzen versucht die Bürger auf die Notlage in den Kliniken aufmerksam zu machen. Der Geschäftsführer der Kliniken Lörrach nahm zudem an einer TV-Sendung von »hart aber fair« in der ARD teil und führte einen intensiven Austausch mit den Verantwortlichen aus Politik und Verwaltung.

Höhepunkt der Aktionen war schließlich die Teilnahme an einer bundesweiten Großdemonstration, die am 25.09.2008 in Berlin stattfand. Daran nahmen insgesamt rund 130000 Krankenpfleger, Ärzte, Klinikpersonal und weitere Personen aus dem Gesundheitsbereich teil, um gegen die Folgen der Gesundheitsreform zu protestieren. Als Ergebnis kam das Pflegeförderprogramm mit 3,5 Milliarden € Zuschuss vom Bund heraus.

Mit Sicht auf die anstehenden Einsparungen der Gesundheitspolitik dürfen die Proteste nicht im Sande verlaufen, sondern müssen bundesweit aktiviert werden.

Materialien
Materialien finden Sie unter: www.dbrp.de/deutscherbetriebsraete-preis/preis_2010/projekte/klinikverbund.php

Blockaden und Widerstände transnationaler Betriebsratsarbeit

Konzernbetriebsrat der Kühne + Nagel AG & Co. KG

> *Stichworte zum Projekt*
> - Langjährige juristische Auseinandersetzung über die Bildung eines europäischen Betriebsrates gegen den Widerstand eines Mehrheitsaktionärs
> - Wie stellt man demokratische Wahlverfahren sicher, insbesondere in Ländern ohne Arbeitnehmervertretung?
>
> *Unternehmen/Betrieb:* Kühne + Nagel AG & Co. KG, Frankfurt/Main
> *Branche:* Spedition
> *Zahl der Mitarbeiter:* ca. 11 000
> *Gewerkschaft:* ver.di

Motiv

Kühne + Nagel, ein weltweit operierendes Logistikunternehmen, beschäftigt am Standort Deutschland an über 100 Niederlassung rund 11 000 Mitarbeiter. Bereits seit Mitte der 90er Jahre des letzten Jahrhunderts laufen rechtliche Auseinandersetzungen zwischen der deutschen Arbeitnehmervertretung und der Geschäftsführung über die Einführung eines europäischen Betriebsrates. Zwei zentrale Frage dabei waren und sind: Wie lässt sich für europaweit tätige Unternehmen mit Sitz der Unternehmensleitung außerhalb der EU trotzdem eine organisierte Vertretung von Arbeitnehmern auf europäischer Ebene erzielen und rechtlich durchsetzen? Wie stellt man demokratische Wahlverfahren sicher, insbesondere in Ländern ohne Arbeitnehmervertretung?

Von Seiten der Geschäftsleitung werden ein EBR abgelehnt und keine Auskünfte über die jeweiligen nationalen Gesellschaften, deren Struktur und Aufbau an den KBR/GBR gegeben. Schließlich wurde dem KBR aber in 2004 durch das BAG ein Informationsanspruch zu den Schwesterunternehmen zugesprochen.

Vorgehen

Zur Vereinfachung und um schneller zu einem Ergebnis zwecks Bildung des EBR zu kommen, einigte man sich im Mai 2005 mit Kühne + Nagel darauf, drei Verfahren zur Erzielung des Auskunftsanspruchs gegenüber den Schwesterunternehmen als Musterverfahren in Österreich, Schweden und der Slowakei durchzuführen. Sollten diese Verfahren rechtskräftig zugunsten Kühne + Nagel Deutschland entschieden sein, werden alle Schwesterunternehmen der inzwischen 24 EU-Landesorganisationen ohne weitere Gerichtsverfahren die Informationen erteilen. Geht allerdings ein Verfahren verloren, wird ein weiteres Land vereinbart, in dem die Klage durch die deutsche Geschäftsleitung gegen diese Landesgesellschaft geführt wird. Nach drei gewonnenen Verfahren, welche dann für die Herausgabe der notwendigen Unterlagen sorgen, unterwerfen sich die anderen Landesgesellschaften der Berichtspflicht gem. EBR-Richtlinien.

In Österreich und Schweden wurden bis 2009 die Verfahren rechtskräftig zu Gunsten von Kühne + Nagel Deutschland entschieden. Das Verfahren in der Slowakei wurde in der 1. Instanz zu Gunsten von Kühne + Nagel Deutschland entschieden. Ein abschließendes Urteil steht hier noch aus.

Ergebnisse
Zum Stand der Einreichung der Bewerbungsunterlagen, fünf Jahre nach Abschluss des Rechtsstreits in Deutschland, konnten damit die Informationsansprüche zur Bildung des EBR noch nicht realisiert werden. Der deutsche Konzernbetriebsrat hat gemeinsam mit ETF (Europäische Transportarbeiterföderation) und ver.di ein von der EU finanziertes Projekt initiiert. Ziel ist es, Kontakte mit Gewerkschaften und Arbeitnehmervertretern der Mitgliedsstaaten zu knüpfen und ein Netzwerk zu gründen. Damit soll im Fall eines endgültigen positiven Bescheides für den Fall Slowakei die Voraussetzung geschaffen werden, nicht mit Vertretern konfrontiert zu werden, welche die Gründung eines EBR ablehnen.

Materialien
Materialien finden Sie unter: www.dbrp.de/deutscherbetriebsraete-preis/preis_2010/projekte/kuehne_und_nagel.php

Betriebsvereinbarung zur geförderten Altersteilzeit

Betriebsrat der KWS SAAT AG

Stichworte zum Projekt
- Betriebsrat startet frühzeitig Initiative zur Fortsetzung der Altersteilzeit im Unternehmen
- Vor Auslaufen der gesetzlichen Altersteilzeit und bestehender Betriebsvereinbarung werden verbindliche Regelung zur geförderten Altersteilzeit erzielt

Unternehmen/Betrieb: KWS SAAT AG, Einbeck
Branche: Landwirtschaft
Zahl der Mitarbeiter: ca. 1000

Motiv

Die KWS SAAT AG, mit Sitz im niedersächsischen Einbeck, ist ein unabhängiges Saatgut-Unternehmen und beschäftigt am Standort ca. 1000 Mitarbeiter. Im Unternehmen bestand seit 2004 eine Betriebsvereinbarung zur Altersteilzeit mit Laufzeit bis 31.12.2009. Da parallel die gesetzlichen Regelungen der geförderten Altersteilzeit ausliefen, setzte sich der Betriebsrat das Ziel, auch zukünftig für die Mitarbeiter eine Vereinbarung zu treffen, welche die Möglichkeit enthält, früher in den Ruhestand zu gehen.

Vorgehen

Wichtig war dabei für den Betriebsrat, frühzeitig eine Betriebsvereinbarung abzuschließen, damit die Kollegen wegen des Auslaufens der gesetzlichen Regelung zum Ende 2009 nicht vorschnell Altersteilzeitverträge unterschreiben. Der Arbeitgeber wurde daher frühzeitig über diesen Wunsch informiert und der Betriebsrat entwickelte einen ersten Vereinbarungs-Entwurf. Dieser diente dann als Verhandlungsbasis für die Gespräche mit der Arbeitgeberseite.

Ergebnisse
Die Betriebsvereinbarung regelt u. a. folgende Punkte:
- Mitarbeiter, die das 58. Lebensjahr vollendet haben und in einem unbefristeten Arbeitsverhältnis stehen, haben die Möglichkeit, einen Altersteilzeitvertrag mit der Gesellschaft abzuschließen.
- Die Altersteilzeit ist frühestens 12 Monate, spätestens 4 Monate vor dem gewünschten Beginn des Altersteilzeitarbeitsverhältnisses vom Mitarbeiter verbindlich zu beantragen.
- Das Altersteilzeitarbeitsverhältnis darf die Dauer von 6 Jahren nicht überschreiten und von 24 Monaten nicht unterschreiten.
- Altersteilzeit kann im Rahmen von zwei Arbeitsmodellen geleistet werden: Gleichmäßige Halbierung der Wochenarbeitszeit über die ganze Dauer der Altersteilzeitvereinbarung oder Beibehaltung der vollen Wochenarbeitszeit für die erste Hälfte (Arbeitsphase) und abschließende Freistellung für die zweite Hälfte des Altersteilzeitverhältnisses (Freistellungsphase).

Andere Betriebsratsgremien innerhalb des Konzerns konnten ebenfalls von dieser Betriebsvereinbarung profitieren. Aus Sicht des Betriebsrates hat bei der Umsetzung wesentlich zum Erfolg beigetragen, dass auch auf Seiten des Arbeitgebers grundlegendes Interesse an einer Fortführung der Vereinbarung zur Altersteilzeit bestand. Die enge Abstimmung mit Kollegen und die intensiven Verhandlungen mit der Arbeitgeberseite haben dazu beigetragen, konkrete Regelungen für die Mitarbeiter zu finden, während auf der politisch-gewerkschaftlichen Ebene noch kein Übereinkommen für eine mögliche gesetzliche Fortführung der Altersteilzeitregelung hergestellt werden konnte.

Materialien
Materialien finden Sie unter: www.dbrp.de/deutscherbetriebsraete-preis/preis_2010/projekte/kws_saat.php

Gefährdungsbeurteilung mit integrierter psychischer Belastung

Betriebsrat der Mahle GmbH

Stichworte zum Projekt
- Durchführung einer Gefährdungsbeurteilung zur Erfassung auch psychischer Belastungen am Arbeitsplatz
- Betriebsvereinbarung regelt erstmalige Einbeziehung aller Mitarbeiter und Arbeitsplätze in die Gefährdungsanalyse und Erfassung per Fragebogen

Unternehmen/Betrieb:	Mahle GmbH, Stuttgart
Branche:	Automobilzulieferer
Zahl der Mitarbeiter:	ca. 8000
Gewerkschaft:	IG Metall

Motiv

Neben der körperlichen spielen psychische Belastungen eine immer stärkere Rolle im Arbeitsalltag. Die Frage, wie Arbeitsplätze unter diesen Gesichtspunkten ausgestaltet werden können, um präventiv gesundheitsfördernde und gesundheitserhaltende Maßnahmen zu ergreifen, wird damit immer wichtiger.

Vorgehen

Der Betriebsrat des baden-württembergischen Automobilzulieferers Mahle hat vor diesem Hintergrund eine Gesamtbetriebsvereinbarung zum Thema »Gefährdungsbeurteilung mit integrierter psychischer Belastung« mit dem Arbeitgeber abgeschlossen. Die Umsetzung erfolgte per Einigungsstelle.

Ziel der Betriebsvereinbarung ist die kontinuierliche Verbesserung der Arbeitssicherheit, des Arbeits- und Gesundheitsschutzes, die Unterweisung der Beschäftigten sowie deren Beteiligung an der Durchführung von Gefährdungsbeurteilungen und den daraus resultierenden Maßnahmen.

Arbeitgeber und Betriebsrat einigten sich darauf, dass die Gefährdungsbeurteilung den Bereich psychischer Belastungen mit einschließt und eine erfolgreiche Gefährdungsbeurteilung nur unter Beteiligung der Beschäftigten mit einer anschließenden Erfolgskontrolle möglich ist. Dabei sollen alle betrieblichen Einflussfaktoren auf die Sicherheit und Gesundheit des Arbeitnehmers betrachtet werden. Die Betriebsvereinbarung regelt dazu die Grundsätze zur Gefährdungsbeurteilung nach dem Arbeitsschutzgesetz, die Unterweisung sowie vor allem die Methoden und Instrumente zur Durchführung. Zudem kann der Betriebsrat im Rahmen seiner Mitbestimmungsrechte Vorschläge zur Beseitigung der festgestellten Mängel machen und Maßnahmen zur Umsetzung verlangen.

Ergebnisse
Zur Erfassung der Belastungen am Arbeitsplatz wurde ein umfangreicher Fragebogen erstellt. Die Mitarbeiter konnten darin anonym Rückmeldungen zu folgenden Themenbereich geben: Arbeitsanforderung, Organisation, Perspektiven am Arbeitsplatz, Handlungsspielraum, soziales Klima, Vergesetzten-Verhalten, gesundheitliche Störung, räumliche Verhältnisse/Arbeitsplatzgestaltung, Umgang mit Arbeitsfeldern. Die sich aus der Befragung ergebenden Rückläufe bilden jetzt die Grundlage für Verbesserungsmaßnahmen.

Materialien

Weitere Materialien finden Sie unter: www.dbrp.de/deutscherbetriebsraetepreis/preis_2010/projekte/mahle.php

Rechtsinformationen für alle Mitarbeiter

Betriebsrat der Malzer's Backstube & Scherpel Brot

Stichworte zum Projekt
- Betriebsrat erstellt grundlegende Informationssammlung für Mitarbeiter an allen Standorten
- Wahrnehmung der Rechte und Stellenwert der Betriebsvereinbarungen werden wesentlich verbessert

Unternehmen/Betrieb:	Malzer's Backstube & Scherpel Brot, Gelsenkirchen
Branche:	Bäckerei Filialunternehmen
Zahl der Mitarbeiter:	ca. 1800
Gewerkschaft:	NGG

Motiv

Während in vielen Betrieben aktuelle und zum Teil umfangreiche Informationen zum Arbeits- und Sozialrecht für die Mitarbeiter zur Verfügung stehen und auch die neueste Fachzeitschrift fürs die Interessenvertretung verfügbar ist, gibt es immer noch Unternehmen, in denen der Zugriff auf grundlegende Texte und Informationen zu den wichtigsten Rechtsthemen und Fragen der Mitbestimmung keine Selbstverständlichkeit sind.

Doch wer seine Rechte am Arbeitsplatz nicht kennt, hat nur geringe Chance auf deren Durchsetzung.

Vorgehen

Der Betriebsrat von Malzer's Backstube, ein Unternehmen mit 140 Standorten, hat daher ein Projekt aufgesetzt, um den Mitarbeitern in allen Filialen zumindest die Grundinformationen zum Arbeits- und Sozialrecht zur Verfügung zu stellen.

Das Gremium erstellte einen Sammlung der wichtigsten Gesetze, Regelungen und Vorschriften und fasste diese für jede Niederlassung in einem handlichen Ordner zusammen, so dass die Mitarbeiter vor Ort möglichst schnellen Zugriff auf die grundlegenden Informationen haben.

Jede Filiale wurde im Rahmen dieser Maßnahme mit einem dem hausfarben Logo angelehnten orangefarbenen Ordner ausgestattet. Dieser enthält die aktuellen Betriebsvereinbarungen, den Mantel- und Tarifvertrag des Deutschen Bäckerhandwerks, das Mutterschutzgesetz, das Jugendarbeitsschutzgesetz sowie das Allgemeine Gleichbehandlungsgesetz.

Ergebnisse
Diese Maßnahmen haben wesentlich dazu beigetragen, dass die geltenden Bestimmungen für jeden Mitarbeiter schnell zugänglich sind und dass diese wesentlich schneller und effizienter über ihre Rechte aufgeklärt werden können. Zu beobachten ist außerdem, dass die jeweiligen Betriebsvereinbarungen, seitdem diese für alle greifbar sind, wesentlich intensiver wahrgenommen werden und ihr Stellenwert deutlich gestiegen ist. Insgesamt war die Resonanz in der Belegschaft auf die Einführung des Ordners durchweg positiv.

Materialien
Materialien finden Sie unter: www.dbrp.de/deutscherbetriebsraete-preis/preis_2010/projekte/malzers.php

Befristete Arbeitsplätze in der Krise erhalten

Betriebsrat der Manitowoc-Crane-Group Germany GmbH

> *Stichworte zum Projekt*
> - Befristete Mitarbeiter und Leiharbeitnehmer sind von Unternehmenskrise als Erste betroffen
> - Vereinbarung über eine wirtschaftliche Perspektive für diese Beschäftigten bei verbesserter Auftragslage
>
> | | |
> |---|---|
> | *Unternehmen/Betrieb:* | Manitowoc-Crane-Group Germany GmbH; Wilhelmshaven |
> | *Branche:* | Metall- und Elektroindustrie |
> | *Zahl der Mitarbeiter:* | 850 |
> | *Gewerkschaft:* | IG Metall |

Motiv

Wie in vielen anderen Unternehmen auch, wirkte sich die wirtschaftliche Krise in den Jahren 2008/2009 besonders auf Mitarbeiter mit befristeten Verträgen aus. Sie standen häufig als erste auf der »Agenda« der Unternehmensleitung, wenn es darum ging, die Folgen von Auftragseinbrüchen aufzufangen und die Unternehmen nach Maßnahmen suchten, um die Kosten im Betrieb zu reduzieren.

Vorgehen

Die Manitowoc-Crane-Group Germany GmbH, mit Sitz in Wilhelmshaven, war ebenfalls von dieser Entwicklung betroffen und der Betriebsrat forderte die Betriebsführung frühzeitig auf, Maßnahmen zu ergreifen, um alle – und damit auch befristete Arbeitsplätze – zu erhalten. Die Interessenvertretung unterstrich, dass auch diese Beschäftigten zur Stammbelegschaft zählten und – wenn nötig – auch Maßnahmen zur Kurzarbeit zusammen mit diesen umgesetzt werden sollten. Nach Auffassung des Betriebsrates könne das Unternehmen nur gestärkt aus der Krise kommen, wenn die Belegschaft nicht geschwächt werde. Er forderte die Unternehmensleitung daher nachdrücklich zu Verhandlungen darüber auf.

Im Rahmen einer Mitarbeiterversammlung wurde die Belegschaft darüber informiert, was zur Sicherung der Arbeitsplätze erfolgen kann, wie dies in Zusammenarbeit mit der IG Metall umgesetzt werden kann und wie die mittelfristige Planung des Unternehmens sich darstellte.

Ergebnisse
In einem Gespräch mit der Geschäftsführung wurden dem Betriebsrat dann die Planung für das Folgejahr und entsprechende Prognosen zur Auftragsentwicklung vorgelegt. Daraus resultierend konnten befristete Verträge weder verlängert noch in Festverträge umgewandelt werden, so die Aussage der Betriebsführung. Aber der Betriebsrat einigte sich mit der Geschäftsführung auf folgendes Vorgehen:
- Sollte sich die Auftragslage auf einem höheren Level als prognostiziert stabilisieren und die Stabilisierung sich für die nächsten sechs bis acht Monate als konstant erweisen, dann erklärte sich das Unternehmen bereit, ehemals befristeten Mitarbeitern oder Leiharbeitskräften, die bis zum Ablauf ihrer Tätigkeit als positiv beurteilt wurden, einen befristeten Vertrag anzubieten, soweit diese noch verfügbar sind.
- Außerdem wurde vereinbart, dass Auszubildende für zwölf Monate übernommen werden.

Materialien

Weitere Materialien finden Sie unter: www.dbrp.de/deutscherbetriebsraetepreis/preis_2010/projekte/manitowoc.php

»Start in die Ausbildung«

Betriebsrat der Merck KGaA

Stichworte zum Projekt
- Berufsvorbereitungsjahr eröffnet Hauptschülern Chancen auf qualifizierte Ausbildungsplätze
- Über 90 % der Teilnehmer beginnen danach eine Ausbildung

Unternehmen/Betrieb:	Merck KGaA, Darmstadt
Branche:	Pharma/Chemie
Zahl der Mitarbeiter:	ca. 9000
Gewerkschaft:	IG BCE

Motiv

Die Chancen von Hauptschulabgängern, einen regulären Einstieg in das Berufsleben zu finden, werden zunehmend kleiner, zumal wenn deren Noten unterdurchschnittlich sind. Der Betriebsrat des Pharma- und Chemieunternehmens Merck KGaA aus Darmstadt schlug dem Unternehmen daher ein Projekt vor, in dem bis zu zwölf Jugendliche mit schwachem Hauptschulabschluss die Chance erhalten, sich innerhalb von elf Monaten so zu qualifizieren, dass sie Einstellungstest bei Merck oder anderen Firmen erfolgreich bestehen können.

Vorgehen

Der Betriebsrat konnte das Unternehmen davon überzeugen, einen Mitarbeiter für dieses engagierte Projekt abzustellen. Dieser hat die Aufgabe, zusammen mit dem Bildungswerk für Hessische Wirtschaft diese Jugendlichen zu betreuen. Zusammen mit Mitarbeitern aus Recruiting, Bildung und Betriebsrat werden die Bewerber nicht durch schriftliche Tests, sondern durch ein persönliches Gespräch, bei dem auch die soziale Situation der Familie zur Sprache kommt, ausgewählt.

Das Projekt beinhaltet am Anfang eine so genannte »Aktivwoche«, bei der außerhalb von Merck das gegenseitige Kennenlernen im Vordergrund steht und der soziale Umgang – u. a. pünktliches Erscheinen, Verhalten am Arbeitsplatz, Teamfähigkeit – geübt wird.

An einem Tag pro Woche findet die schulische Betreuung beim Bildungswerk der Hessischen Wirtschaft statt. In den restlichen vier Tagen erhalten die Jugendlichen die Möglichkeit, in Praktikumseinsätzen bei Merck selbst und bei Kooperationsfirmen zu testen, welcher Ausbildungsberuf für sie in Frage kommt. Dazu zählen u. a. ein mehrwöchiger Chemiegrundkurs und ein Lehrgang in der technischen Ausbildung. So gibt es eine Auswahl von mehr als zwölf Ausbildungsberufen – vom Maler und Lackierer über Automechaniker bis zur Produktionsfachkraft Chemie. Nach drei Monaten werden die Teilnehmer in Betrieben eingesetzt.

Ergebnisse
Die Resonanz auf dieses Projekt ist überzeugend: Jährlich gehen rund fünfzig Bewerbungen auf die zwölf Plätze des Berufsvorbereitungsjahres ein. Merck unterstützt die Jugendlichen damit aktiv bei der Suche nach Ausbildungsplätzen. In der Vergangenheit konnten pro Jahr immer zwei bis vier Jugendliche bei Merck einen Ausbildungsplatz erhalten. Die anderen fanden bei einer Kooperationsfirma einen Ausbildungsplatz. Ingesamt konnten bislang 90 % der Teilnehmer erfolgreich in eine Ausbildung vermittelt werden.

Materialien
Materialien finden Sie unter: www.dbrp.de/deutscherbetriebsraete-preis/preis_2010/projekte/merck_ausbildung.php

Betriebsvereinbarung zu Langzeitkonten

Betriebsrat der Merck KGaA

Stichworte zum Projekt
- Regelung über Freistellungszeiten vor Renteneintritt
- Spezielles Fördermodell für Jahrgänge, die nicht mehr genug Zeit ansparen können

Unternehmen/Betrieb:	Merck KGaA, Darmstadt
Branche:	Pharma/Chemie
Zahl der Mitarbeiter:	ca. 9000
Gewerkschaft:	IG BCE

Motiv
Die Rente mit 67 deckt sich für viele Beschäftigte nicht mit ihrer Lebensplanung. Die Möglichkeiten zur Freistellung vor Renteneintrittsalter sind daher auch bei dem Pharma- und Chemieunternehmen Merck KGaA ein wichtiges Thema für Belegschaft und Betriebsrat.

Vorgehen
Die Arbeitnehmervertretung von Merck hat eine Betriebsvereinbarung »Langzeitkonten« geschlossen, die attraktive Angebote schafft, um eine signifikante Freistellung vor Renteneintritt zu erreichen.

Ergebnisse
Das Modell sieht vor, dass zu dem Demografiebeitrag auch ein Gehaltsanteil von 5 % des regelmäßigen steuerpflichtigen Bruttogehalts gespart werden kann. Zusätzlich kann auch die Altersfreizeit (2,5–3,5 Stunden pro Woche) eingebracht werden.

Die Vereinbarung sieht auch Lösungen für die Jahrgänge 1946–1960 vor, die nicht mehr genügend Zeit ansparen können. Hier hat sich der Betriebsrat zu einer solidarischen Lösung entschieden, die folgende Eckpunkte enthält: Die Hälfte des Demografiebeitrages wird dazu verwendet, zusätzlich die Jahrgänge 1946–1960 finanziell zu fördern. Verhandelt wurde, dass das Unternehmen sich an der Förderung beteiligt, die sich prozentual an der Eigenleistung orientiert.

Die genannten Jahrgänge kommen somit bei Einzahlung der Eigenleistung plus Förderung auf eine Freistellung von ca. vierzehn Monaten. In der Freistellungsphase erhält der Mitarbeiter sein Urlaubsgeld, das volle Weihnachtsgeld und die tarifliche Altersvorsorge. Zudem gibt es die Möglichkeit, die Freistellungszeit flexibel zu gestalten – d.h. zu verlängern oder zu verkürzen –, indem der monatliche Auszahlungsbetrag zwischen 80 und 120 % variieren kann.

Materialien

Langzeitkonten allgemein

Was ist ein Langzeitkonto?
Während ihres aktiven Berufslebens können Tarifmitarbeiter bei Merck Entgeltbestandteile bzw. Altersfreizeit als Guthaben auf einem Langzeitkonto ansparen. Dieses Guthaben kann dann unmittelbar vor Erreichen der Regelaltersgrenze zur Finanzierung einer bezahlten Freistellungsphase herangezogen werden.

Wer kann das Langzeitkonto nutzen?
Grundsätzlich wird für alle Tarif-Mitarbeiter ein Langzeitkonto eingerichtet.
Ausgenommen sind Tarif-Mitarbeiter:

- die einen Altersteilzeitvertrag unterschrieben haben
- in einem befristeten Arbeitsverhältnis stehen
- deren Arbeitsverhältnis gekündigt ist
- die sich in Probezeit befinden
- die bei der Bildung des Demografiefonds nicht berücksichtigt werden

Der Kreis der Berechtigten für den Demografiebetrag wird jeweils zum 1.1. eines Jahres geprüft.
Mitarbeiter, die kein Langzeitkonto haben möchten, können der Einrichtung widersprechen.

Können auch Teilzeitkräfte an dem Langzeitkontenmodell teilnehmen?
Die Regelungen zu den Langzeitkonten gelten auch für Teilzeitkräfte. Den Demografiebetrag erhalten diese Mitarbeiter jedoch nur anteilig entsprechend ihrer Arbeitszeit.

Die Einbringung von Altersfreizeit ist nur für Mitarbeiter möglich, die mehr als 35 Stunden / Woche arbeiten, weil nur sie auch anspruchsberechtigt gemäß dem Manteltarifvertrag sind.

Weitere Materialien finden Sie unter: www.dbrp.de/deutscherbetriebsraetepreis/preis_2010/projekte/merck_langzeitkonten.php

Einführung eines Betriebsrates verhindert Folgen eines geplanten Betriebsübergangs

Betriebsrat des Mikrobiologischen Laboratoriums

> *Stichworte zum Projekt*
> - Geplanter Betriebsübergang beinhaltete massive Verschlechterungen für die Belegschaft und Gefahr von betriebsbedingten Kündigungen
> - Neugegründeter Betriebsrat verhinderte Formulararbeitsvertrag und setzte sich erfolgreich gegen Gehaltskürzungen und Entlassungen durch
>
> *Unternehmen/Betrieb:* Mikrobiologisches Laboratorium, Dillingen/Saar
> *Branche:* Mikrobiologische Analysen
> *Zahl der Mitarbeiter:* 56

Motiv
Die Mitarbeiter des Laborunternehmens wurden im Rahmen einer Betriebsversammlung im August 2009 darüber informiert, dass ein Betriebsübergang durch die Geschäftsleitung geplant sei.

Die Unternehmensleitung plante im Rahmen dieses Betriebsüberganges folgende Maßnahmen umzusetzen: Zur Reduzierung der Personalkosten sollten die bezahlte Mittagspause gestrichen und vereinbarte Bonuszahlungen für Wochenendarbeit reduziert werden. Außerdem war eine Reduzierung des Weihnachtsgeldes geplant. Darüber hinaus waren Gehaltskürzungen im Umfang von 5 bis 10 % vorgesehen und zusätzlich ggf. betriebsbedingte Kündigungen.

Vorgehen
Angesichts dieser massiven Maßnahmen wurde im Unternehmen in den folgenden Wochen ein Betriebsrat durch ein vereinfachtes Wahlverfahren gegründet. Das neu gewählte Gremium stellte sich nicht prinzipiell gegen einen Betriebsübergang, wollte aber dafür Sorge tragen, dass die Folgen für die Belegschaft sozial und wirtschaftlich vertretbar gestaltet werden.

Ergebnisse
So gab es u. a. eine kleine Anzahl von Mitarbeitern im Unternehmen, die nur einen mündlichen Arbeitsvertrag hatten. Von Seiten der Geschäftsleitung wurde dann ein neuer Formulararbeitsvertrag vorgelegt. In einer gemeinsamen Sit-

zung mit der Geschäftsführung, deren Unternehmensberatung und Anwalt und –
auf Seiten des Betriebsrates – dem Fachbereichsleiter von ver.di konnte der Arbeitsvertrag in der vorliegenden Formularversion verhindert werden.

Zudem wurden Betriebsvereinbarungen entwickelt und durchgesetzt, die Wochenendboni und Pausengestaltung im Sinne der Mitarbeiter regeln. In Verhandlungen mit dem Arbeitgeber konnte erreicht werden, dass das Weihnachtsgeld gegen monatliche Tankgutscheine getauscht wird. Weiterhin konnte der Betriebsrat erreichen, dass die geplante Gehaltskürzung von 5 % nicht umgesetzt wurde.

Außerdem wurden betriebsbedingte Kündigungen verhindert.

Zum Zeitpunkt der Bewerbung für den Deutschen Betriebsräte-Preis 2010 war noch keine endgültige Entscheidung über den geplanten Betriebsübergang gefallen.

Materialien
Materialien finden Sie unter: www.dbrp.de/deutscherbetriebsraete-preis/preis_2010/projekte/mikrobiologisches_labor.php

Prävention und betriebliches Eingliederungsmanagement

Betriebsrat der North Sea Terminal Bremerhaven GmbH & Co.

Stichworte zum Projekt
- Regelmäßige Gesundheitstage als aktive Präventionsmaßnahmen
- Betriebliches Eingliederungsmanagement eröffnet betroffenen Mitarbeitern Perspektiven zur Weiterbeschäftigung im Unternehmen

Unternehmen/Betrieb:	North Sea Terminal Bremerhaven GmbH & Co., Bremerhaven
Branche:	Hafenumschlagsunternehmen
Zahl der Mitarbeiter:	744
Gewerkschaft:	ver.di

Motiv
North Sea Terminal Bremerhaven GmbH & Co. (NTB) ist ein Hafenumschlagsunternehmen mit einem 3-Schicht-System an 360 Tagen im Jahr. Aufgrund dieser Arbeitsweise und der Struktur der Arbeitsplätze bestehen bei dem Betrieb in Bremerhaven wenige Schonarbeitsplätze. Aus Sicht des Betriebsrates ist es daher wichtig, durch betriebliches Eingliederungsmanagement Kollegen mit körperlicher Beeinträchtigung eine Perspektive innerhalb des Unternehmens anzubieten. Vor allem sollen aber bereits im Vorfeld Situationen vermieden werden, die dazu führen könnten, dass Mitarbeiter dem betrieblichen Eingliederungsmanagement unterliegen.

Vorgehen
Betriebsrat und Geschäftsleitung haben sich daher darauf geeinigt, einen Präventionsarbeitskreis zu bilden, in dem folgende Personengruppen vertreten sind: zwei technische Beamte der Berufsgenossenschaft, der Betriebsarzt, ein Vertreter der Krankenkasse, die Arbeitssicherheitsfachkraft von NTB, der Vertreter der betriebseigenen Kantine, die Personalleitung und der Betriebsrat. Dieser Arbeitskreis tagt alle acht Wochen im BR-Büro und bespricht u. a. die Ausgestaltung von regelmäßig stattfindenden Gesundheitstagen. An diesen Veranstaltungen können alle Beschäftigten des Unternehmens kostenfrei teilnehmen. Diese behandeln jeweils ein spezielles Thema, u. a. Rückfunktions-

test, Herzerkrankungen, Lungenfunktion sowie Zuckererkrankung/Ernährungsberatung. Sie bieten den Mitarbeitern konkrete Hilfen an und stellen Informationen zur Verfügung. Zudem beteiligt sich das Unternehmen am Jahresende an den Mitgliedskosten eines Fitnessstudios.

Ergebnisse
Im Rahmen des betrieblichen Eingliederungsmanagements konnten in Zusammenarbeit von Betriebsrat, Geschäftsführung und Betriebsarzt beispielsweise folgende Maßnahmen durchgeführt werden:
- Ein Mitarbeiter hatte bei einem Betriebsunfall die Hälfte seiner linken Hand verloren. Da er dadurch nicht mehr als Containerbrückenfahrer tätig sein konnte, wurde er für den Ein- und Ausgangscheck der LKW umgeschult. Außerdem wurde eine spezielle Vorrichtung angefertigt, damit er diese Tätigkeit auch mit seiner Behinderung verrichten kann.
- Eine Kollegin aus dem so genannten Dispatch-Bereich konnte wegen Rückenproblemen nicht die erforderlichen acht Stunden sitzen. Da sie an verschiedenen Arbeitsplätzen tätig ist, wurden höhenverstellbare Tische und ein Stuhl angeschafft.
- Nach einer Darmoperation muss ein Mitarbeiter häufiger die Toilette aufsuchen. Um ihm dies auf dem weitläufigen Gelände zu ermöglichen, wurde ein zusätzliches Fahrzeug angeschafft.

Materialien
Materialien finden Sie unter: www.dbrp.de/deutscherbetriebsraete-preis/preis_2010/projekte/ntb.php

Einführung eines neuen Prämienentgelts

Betriebsrat der Prüm Türenwerk GmbH

Stichworte zum Projekt
- Betriebsrat verhindert Entgeltabsenkung durch neuartiges Prämienmodell
- Zusammenarbeit von Betriebsrat, Geschäftsführung, externen Beratern, Gewerkschaft und Einbindung der Belegschaft ermöglicht positives Verhandlungsergebnis

Unternehmen/Betrieb:	Prüm Türenwerk GmbH, Weinsheim
Branche:	Holz und Kunststoff
Zahl der Mitarbeiter:	ca. 470

Motiv
Mit dem Auslaufen eines in 2005 abgeschlossenen Haustarifvertrages Ende 2007 verband die Geschäftsleitung die Forderung, die Prämienlöhne abzusenken. Dies sollte die Kostenstruktur im Unternehmen verbessern und die Wettbewerbsfähigkeit stärken. Der Betriebsrat kündigte sofort Widerstand gegen die Maßnahmen an und führte umgehend eine Reihe von Maßnahmen durch.

Vorgehen
Dazu wurden mit der Geschäftsführung Prämienverhandlungen aufgenommen, unterstützt von einem Sachverständigen einer Beratungsfirma. Das vorgelegte Konzept sah bei Umsetzung der Vorschläge des Betriebsrates die Neugestaltung der Prämie in einem geplanten Zeitraum von zwei Jahren vor. Die Senkung der Lohnstückkosten sollte bei gleichzeitiger Wahrung der Verdienstchancen und dem Ausschluss betriebsbedingter Kündigungen erreicht werden.

Eine gemeinsame Prämienkommission aus Arbeitgeber, Sachverständigem und Betriebsrat erarbeitete für alle Abteilungen ein Prämienmodell. Die Eckpunkte dieses Modells beinhalteten Maßnahmen zur Produktivitätssteigerung, Verdienstsicherung, Einbeziehung der Meister sowie eine Qualifizierungsvereinbarung und die Ausschüttung einer Sonderprämie für den erfolgreichen Abschluss der Probephase.

Die Mitarbeiter wurden durch aktive Formen der Öffentlichkeitsarbeit direkt einbezogen. Dazu zählten verschiedene Betriebsversammlungen, Abteilungsversammlungen zum Start der jeweiligen Probephasen und Erläuterungen des Modells in Gesprächen und durch schriftliche Anleitungen.

Ergebnisse
Der Betriebsrat erzielte durch zielorientierte Planung, externe und gewerkschaftliche Unterstützung, Einbindung der Mitarbeiter, konstruktive und konfliktbereite Verhandlungsführung sowie Überzeugung des Arbeitgebers und die gemeinsame Umsetzung des Projektes mit dem Arbeitgeber – statt einer zehnprozentigen Entgeltabsenkung – folgende Ergebnisse:
- Wahrung und Verbesserung der Verdienstchancen
- Kündigungsschutz für die Laufzeit des Projektes
- Entgeltsicherung in der Probephase
- Qualifizierungsvereinbarung
- Einmalzahlung bei Beginn des Projektes zur Motivation der Belegschaft
- Verbesserung des Betriebsklimas
- Motivation der Beschäftigten
- Konstruktive Lösung eines Konfliktes zwischen Betriebsrat und Arbeitgeber
- Erhöhung der betrieblichen Produktivität ohne erhebliche Leistungsverdichtung
- Wachstum des Unternehmens trotz rapide schrumpfenden Marktes

Materialien

Weitere Materialien finden Sie unter: www.dbrp.de/deutscherbetriebsraetepreis/preis_2010/projekte/pruem.php

Unfallvermeidung durch »Handelsschuh«

Betriebsrat Lehrte der REWE Markt GmbH / Penny-Markt GmbH

Stichworte zum Projekt
- Hohe Unfallzahlen in Filialen im Bereich der Fußverletzung führt zu Entwicklung von speziellem Schuhwerk für Beschäftigte im Handel
- »Handelsschuh« wirkt präventiv und schützt Mitarbeiter vor Unfallgefahren

Unternehmen/Betrieb:	REWE Markt GmbH / Penny-Markt GmbH, Lehrte
Branche:	Einzelhandel
Zahl der Mitarbeiter:	ca. 14 500
Gewerkschaft:	ver.di

Motiv
Die Unfallübersichten in den Arbeitssicherheitsausschusssitzungen der Region Lehrte wiesen eine hohe Anzahl von Unfällen im Bereich der Fußverletzungen aus. Ziel war es daher, die Unfallgefahren zu senken und mit einem präventiven Ansatz zur Förderung der Gesundheit der Beschäftigten beizutragen. Hierzu sollte für die vornehmlich weiblichen Beschäftigten geeignetes Schuhwerk entwickelt und angeboten werden.

Vorgehen
Nachdem bereits mit einem auf dem freien Markt verfügbaren Schuhmodell gute Erfahrungen gemacht worden waren, entschied sich der Betriebsrat dazu, ein eigenes Modell in Auftrag zu geben. Denn von Seiten der Beschäftigten wurde verstärkt der Wunsch geäußert, auch andere Modelle beziehen zu können. Dies war für den Betriebsrat der ausschlaggebende Impuls, mit externen Partnern und Arbeitsmedizinern einen speziellen Schuh speziell für Beschäftigte im Handel zu entwickeln.

Neben der Anbietersuche wurden vor allem die Betroffenen selbst mit einbezogen. Der Ausschuss für Arbeitssicherheit entwickelte einen Fragebogen für die Beschäftigten in den Filialen. Hierin wurden die wichtigsten Punkte, wie Form, Farbe, Preisvorstellung etc. abgefragt. Auch der Arbeitgeber wurde intensiv in den Prozess mit einbezogen und forciert den Vertrieb. Im Laufe der Entwicklung und des Vertriebes wurde der erste Handelspartner gegen einen neuen Lieferanten ausgetauscht, was u. a. zu Verbesserung in der Lieferfähigkeit führte.

Ergebnisse
Mit dem Vertrieb des Schuhs entwickelten sich die gemeldeten Unfallzahlen rückläufig. Es entstand der so genannte »Handelsschuh«, der durchweg positiv von der Belegschaft aufgenommen wurde. Damit wurde ein kostengünstiges und einfaches System der Bestellung gefunden. Der Arbeitgeber kann mit geringem Aufwand ein gesundheitsförderndes und sicheres Instrument nutzen, um Mitarbeiter zu schützen. Trotz Teileigenfinanzierung durch die Träger wird der Schuh inzwischen von einem großen Prozentsatz der Beschäftigten genutzt und akzeptiert. Der Schuh ist mittlerweile in fast allen Regionen der REWE im Einsatz. Eine nationale Einlistung ist inzwischen erfolgt. Über weitere Verbesserungen des Schuhs wird nachgedacht. In allen Regionen sind so genannte »Schuhbeauftragte« benannt.

Materialien

Weitere Materialien finden Sie unter: www.dbrp.de/deutscherbetriebsraetepreis/preis_2010/projekte/rewe_penny.php

Qualifizierung mit IHK-Abschluss

Betriebsrat der RTG Telefonservice GmbH

Stichworte zum Projekt
- Betriebsrat recherchierte Fortbildungsmöglichkeiten der Mitarbeiter mit anerkanntem IHK-Abschluss
- Intensive Unterstützung von der Beratung über Antragsstellung bis hin zur Prüfungsvorbereitung

Unternehmen/Betrieb: RTG Telefonservice GmbH, Kaiserslautern
Branche: Dienstleistung
Zahl der Mitarbeiter: 130

Motiv

Lebenslanges Lernen ist mittlerweile ein »Muss« in nahezu allen Branchen und für die verschiedensten Berufsgruppen. Doch wie lässt sich dieser Anspruch im beruflichen Tagesablauf, in Abstimmung mit dem Arbeitgeber und hinsichtlich der Vereinbarkeit von Beruf und Familie konkret umsetzen? Viele Arbeitnehmer sehen sich hier mit einer Vielzahl von Fragen und Hürden konfrontiert und die Qualifizierung bleibt häufig auf der Strecke.

Vorgehen

Der Betriebsrat der RTG Telefonservice GmbH, mit Sitz in Kaiserslautern, hat Fortbildungsmöglichkeiten für die Mitarbeiter des Unternehmens gründlich recherchiert. Dabei stellte sich im Rahmen der Nachforschungen heraus, dass grundsätzlich alle Mitarbeiter, unter bestimmten Voraussetzungen, einen anerkannten IHK-Abschluss erwerben können.

Dies gilt für die Ausbildungsberufe »Servicefachkraft für Dialogmarketing« und »Kaufmann/Kauffrau für Dialogmarketing«. Der Besondere daran: Diese Abschlüsse können erlangt werden, ohne dass eine reguläre mehrjährige Ausbildung durchlaufen werden muss. Um die Abschlussprüfung in einem der beiden anerkannten Ausbildungsberufe ablegen zu können, muss der Teilnehmer die 1,5-fache Ausbildungszeit als einschlägige Berufspraxis nachweisen. Eine vorausgehende Berufsausbildung ist nicht notwendig. Der Nachweis erfolgt dabei mit einer Bescheinigung der Geschäftsführung über Beschäftigungszeiten

und Tätigkeiten. Sollte die Beschäftigung in Teilzeit erfolgt sein, werden die Zeiten anteilig berechnet.
Für die Mitarbeiter ergeben sich daraus folgende Vorteile:
- Einer der genannten Abschlüsse ist zu erlangen, ohne dass erneut die »Schulbank gedrückt« werden muss.
- Für Nichtqualifizierte ergeben sich daraus deutliche bessere Chancen der Vermittlung.

Ergebnisse
Der Betriebsrat informierte die Belegschaft ausführlich in Betriebsversammlungen und bereitete die Informationen in Form von Unterlagen und Präsentationen auf. Ergänzend dazu wurden die interessierten Mitarbeiter u. a. über den Zulassungsantrag beraten und Teilnehmer bei der Prüfungsvorbereitung aktiv unterstützt. Auf Basis dieses Betriebsrats-Services konnten einige Mitarbeiter erfolgreich die Abschlussprüfung bei der IHK ablegen.

Materialien
Materialien finden Sie unter: www.dbrp.de/deutscherbetriebsraete-preis/preis_2010/projekte/rtg.php

»Wahrung des Besitzstandes«

Betriebsrat der Saarbahn GmbH

Stichworte zum Projekt
- Im Rahmen einer geplanten Privatisierung sollten Betriebsvereinbarungen gekündigt werden – mit großen Nachteilen für die Belegschaft
- Betriebsrat organisierte konzertierten Beitritt der Mitarbeiter zur Partei Die Linke und erzeugte hohen öffentlichen Druck auf Geschäftsführung

Unternehmen/Betrieb:	Saarbahn GmbH, Saarbrücken
Branche:	ÖPNV
Zahl der Mitarbeiter:	300
Gewerkschaft:	ver.di

Motiv

Die Saarbahn GmbH, ein öffentliches geführtes Unternehmen, ist zuständig für den öffentlichen Personennahverkehr und gehört zum VVS-Konzern, Saarbrücken. Im Zuge der Liberalisierung und Deregulierung der Verkehrsmärkte wurden Umstrukturierungen bei dem Unternehmen durchgeführt, was u. a. den Abschluss eines Haustarifvertrages (mit 30 % Lohnabschlag) mit Laufzeit bis Ende 2009 zur Folge hatte. Drei Jahre vor Auslaufen des Vertrages wurde der noch vorhandene Unterschiedsbetrag zwischen Alt- und Neubeschäftigten vom damaligen Vorstand auf 2,8 Mio. € festgelegt. Es wurde konstruktiv und harmonisch mit dem Betriebsrat über Lösungen zur Kompensierung verhandelt.

Völlig überraschend für die Beschäftigten erfolgten die fristlose Entlassung der beiden Vorstände und die Bestellung neuer Vorstände ohne Beteiligung der Arbeitnehmervertreter. Die neue Geschäftsführung gab in der ersten Aufsichtsratssitzung bekannt, dass bei der Saarbahn GmbH alle Betriebsvereinbarungen gekündigt werden und die Gründung weiterer Tochterunternehmen möglich sei. Gleichzeitig wurden die Bestrebungen des Völklinger Nachbarunternehmens verstärkt, dieses zu privatisieren. Die neuen Vorstände übten über die Medien zusätzlichen Druck auf die Belegschaft aus, indem sie den Busbetrieb als schlecht organisiert darstellten.

Vorgehen
Der Betriebsrat gründete daher die Projektgruppe »Besitzstandswahrung und Arbeitsplatzsicherheit«, um einen weiteren Betriebsübergang zu verhindern. Denn dieser hätte aus Sicht der Interessenvertretung fatale Folgen für alle Beschäftigten. Um gegen die geplante Privatisierung öffentlichkeitswirksam vorzugehen, entschied sich der Betriebsrat dazu, möglichst viele Busfahrer davon zu überzeugen, der Partei Die Linke beizutreten, die sich gegen Privatisierungen ausspricht.

Innerhalb von vierzehn Tagen traten rund 220 Mitarbeitern der Saarbahn GmbH in die Partei Die Linke ein. Diese Aktion führte zu einer breiten öffentlichen Diskussion, wobei das überregionale Medienecho auch den Betriebsrat überraschte.

In der Folge wurden durch die Unternehmensleitung sechs fristlose Kündigungen ausgesprochen und mit massiven arbeitsrechtlichen Vergehen begründet. Es kam zu juristischen Auseinandersetzungen, die ebenfalls intensiv durch die Medien begleitet wurden.

Ergebnisse
Nach über einem Jahr des juristischen Streits wurden schließlich die Kündigungen durch den Vorstand vorbehaltlos zurückgenommen. Außerdem konnte der Betriebsrat erreichen, dass keine Betriebsvereinbarung gekündigt wurde. Das Gremium wurde bei den letzten Wahlen mit großer Mehrheit im Amt bestätigt und die Übernahme der Altbeschäftigten erfolgte ohne Eigenbeitrag, außerdem erfolgte eine unbefristete Festschreibung des Besitzstands.

Materialien
Materialien finden Sie unter: www.dbrp.de/deutscherbetriebsraete-preis/preis_2010/projekte/saarbahn.php

Arbeitszeitgestaltung im Fahrdienst

Betriebsrat der Saar-Pfalz-Bus GmbH

Stichworte zum Projekt
- Einführung einer neuen Arbeitsorganisation wird durch Pilotprojekte vorbereitet und intensiv durch Betriebsrat begleitet
- Über Einigungsstellenverfahren ermöglicht Betriebsrat Lösungen und Umsetzung eines Gesamtkonzepts im Sinne der Belegschaft

Unternehmen/Betrieb:	Saar-Pfalz-Bus GmbH, Saarbrücken
Branche:	ÖPNV
Zahl der Mitarbeiter:	430
Gewerkschaft:	ver.di

Motiv

Die Saar-Pfalz-Bus GmbH ist ein regionales Verkehrsunternehmen im Saarland und in der Westpfalz. Im Rahmen der Einführung einer neuer Arbeitsorganisation verbunden mit dem Ziel der Produktivitätssteigerung wurden bei dem Unternehmen, beginnend ab 2005, Pilotprojekte und Testphasen in verschiedenen Gebieten durchgeführt. Ziel war auch eine Dienstplanoptimierung für die Busfahrer, die vom Betriebsrat intensiv und zum Teil auch kontrovers zu den Zielen der Unternehmensleitung begleitet wurde.

Vorgehen

Mit der neuen Arbeitsorganisation sollte für alle Mitarbeiter im Fahrdienst eine höhere Planbarkeit ihrer Arbeits- und Freizeit ermöglicht werden. Zudem sollte die Umstellung eine signifikante Produktivitätssteigerung erbringen. Voraussetzungen dafür waren Änderungen an der Dienstplangestaltung hinsichtlich Dienstplangröße, Dienstreihenfolge und Planbarkeit der betrieblichen Organisation. Es wurde dann ein Projektplan erstellt, der verschiedene Arbeitspakete definierte, die für die Neugestaltung umzusetzen waren. Neben einer Konzeption der Arbeitsorganisation und einem Vergleichskonzept beinhalteten diese auch die Erarbeitung von Umsetzungsvorschlägen und die Präsentation der Dienstplanoptimierung vor der Belegschaft.

Im Rahmen der Konzeption wurden dann Pilotprojekte in verschiedenen Betreuungsgebieten des Unternehmens definiert, auf deren Grundlage und Analyse die Umsetzung für die gesamte Belegschaft erfolgen sollte. Dabei ergaben sich unterschiedliche Betrachtungsweisen bezüglich der Umsetzung und den daraus folgenden Maßnahmen für die Belegschaft zwischen Betriebsrat und Unternehmensleitung. Der Betriebsrat forderte u. a. umfassende Informationen zum vorhandenen Kostenniveau, den Kostenzielen sowie weitere Kennziffern, um auf dieser Grundlage Regelungen im Sinne der Mitarbeiter umsetzen zu können.

Ergebnisse
Über zwei Einigungsstellenverfahren einigten sich Betriebsrat und Unternehmensleitung schließlich auf ein Gesamtkonzept für das Unternehmen. Dieses regelt u. a. die Fahrtunterbrechung, aber auch die künftig geltenden Dienstplanstrukturen und die Dienstplangestaltung. Darin enthalten sind Regelungen zu den Bemessungsgrundlagen, den Grundlagen der Dienstreihenfolge und den Parametern der Dienstpläne. Im Rahmen der Einigung wurden auch Absprachen zu so genannten »Wunschdienstplänen« getroffen.

Materialien

Weitere Materialien finden Sie unter: www.dbrp.de/deutscherbetriebsraetepreis/preis_2010/projekte/saar_pfalz–bus.php

Minuskonten für Qualifizierung

Betriebsrat der Salzgitter Flachstahl GmbH

Stichworte zum Projekt
- Betriebsvereinbarung regelt Einführung von Minuskonten, die ausschließlich zur Qualifizierung genutzt werden dürfen
- Recht auf Bildung wird damit festgeschrieben, finanzieller Verlust für Mitarbeiter entsteht nicht, da die Minusstunden durch Freizeitausgleich kompensiert werden.

Unternehmen/Betrieb:	Salzgitter Flachstahl GmbH, Salzgitter
Branche:	Stahlerzeugung
Zahl der Mitarbeiter:	ca. 4400
Gewerkschaft:	IG Metall

Motiv

Die wirtschaftliche Entwicklung führte auch bei der Salzgitter Flachstahl GmbH dazu, dass für die über 4000 Beschäftigten das Thema Kurzarbeit auf der Agenda stand. Bei dem Unternehmen waren bislang keine Arbeitszeitkonten vorhanden, da diese aus Sicht des Betriebsrates in wirtschaftlich guten Zeiten Beschäftigungsaufbau verhindern.

Vor dem Hintergrund der drängenden Wirtschaftslage entstand im Gremium schnell Einigkeit darüber, dass die Einführung von Arbeitszeitkonten nur befristet und nur in Form von Minuskonten erfolgen sollte.

Vorgehen

Mit dem Ziel zu qualifizieren und gleichzeitig Entlassungen vorzubeugen, entwickelte und verhandelte der Betriebsrat eine Betriebsvereinbarung zur Beschäftigungssicherung. Dadurch sollten Einkommensverluste verringert und Kurzarbeit gleichzeitig sinnvoll für Qualifizierungsmaßnahmen genutzt werden.

Ergebnisse

Die Betriebsvereinbarung beinhaltet eine befristete Einführung von Minus-Arbeitszeitkonten mit Regelungen für die von Kurzarbeit betroffenen Mitarbeiter.

- Danach kann eine Einstellung in das Minuskonto nur in ganzen Schichten erfolgen.
- Es werden maximal zwei Arbeitsschichten/-tage pro Monat eingestellt.
- Außerdem erfolgt eine Weiterzahlung des üblichen Entgelts plus Schichtzulagen und Mehrarbeitszuschlägen.

Das Besondere an der Vereinbarung ist, dass
- die Minuskonten ausschließlich für Qualifizierung genutzt werden dürfen und keine Entnahme für Nacharbeit möglich ist,
- bei Krankheit keine Minusstunden in das Konto eingestellt werden und
- der Ausgleichszeitraum auf den 31.12.2009 beschränkt ist. Danach existierende Minusstunden verfallen.

Damit schreibt die Betriebsvereinbarung ein Recht auf Bildung fest. Zusammen mit der Betriebsvereinbarung zur Qualifizierung – nach der eine regelmäßige Überprüfung und Weiterentwicklung der persönlichen Qualifizierung erfolgt – wird den Beschäftigten damit ermöglicht, den Wert ihrer Arbeitskraft kontinuierlich auf hohem Niveau zu erhalten.

Materialien
Materialien finden Sie unter: www.dbrp.de/deutscherbetriebsraete-preis/preis_2010/projekte/salzgitter_flachstahl.php

Interdisziplinäre Implementierung eines betrieblichen Gesundheitsmanagements

Betriebsrat der Sandoz Pharmaceuticals GmbH

Stichworte zum Projekt
- Konzept für integriertes Handeln der Unternehmensbereiche Betriebsrat, Betriebsarzt und Personal
- Ganzheitliche Betrachtung von Gesundheit und Prävention für Mitarbeiter, um Arbeitsplatz und Arbeitsleistung langfristig zu erhalten

Unternehmen/Betrieb: Sandoz Pharmaceuticals GmbH, Holzkirchen
Branche: Pharma / Generika
Zahl der Mitarbeiter: ca. 4200 (Generika Deutschland)
Gewerkschaft: IG BCE

Motiv
Mobbing, Motivationsverlust, innere Kündigung, Burnout und arbeitsbedingte Erkrankungen – dies zu verhüten und zu bekämpfen, zählt aus Sicht des Betriebsrates der Sandoz Pharmaceuticals zu den zentralen Aufgaben für die betriebliche Personal- und Gesundheitspolitik sowie den Arbeits- und Gesundheitsschutz. Ein aktives Gesundheitsmanagement nutzt demnach gleichermaßen Beschäftigten und Unternehmen

Vorgehen
Der Betriebsrat und der Betriebsarzt entwickelten dazu gemeinsam mit dem Unternehmensmanagement das Projekt »Interdisziplinäres betriebliches Gesundheitsmanagement«. Es soll Betriebsrat, Betriebsarzt und Personalabteilung die Möglichkeit eröffnen, als ein gemeinsames Interessengremium ein nachhaltiges betriebliches Gesundheitsmanagement mit den erforderlichen Maßnahmen zu etablieren.

Das Ziel war, eine gemeinsame Plattform/Steuerungsgruppe für ein interdisziplinäres Vorgehen zu schaffen. Dabei sollten alle Gruppen intensiv vernetzt werden und damit eine Kommunikationsplattform für präventive Maßnahmen entstehen. Gleichzeitig wird dadurch eine win-win-Situation für Arbeitgeber und Arbeitnehmer geschaffen. Das Wohlbefinden und die Stärken der Mitarbeiter werden gefördert und das Unternehmen kann dadurch sein positives Image stärken.

Ergebnisse

Gegründet wurde eine Steuerungsgruppe mit Vertretern aus den unterschiedlichen Gruppen. Diese treffen Absprachen für die Koordination und Auswertung unterschiedlicher Maßnahmen. Dazu zählen beispielsweise die Bereiche Arbeitsplatzbedingungen, Arbeitsorganisation, Umfragen und Analysen. Im Rahmen des betrieblichen Eingliederungsmanagements werden Wiedereingliederungspläne erstellt, Beratung und Begleitung während der Therapie und bei Anträgen angeboten und prognostische Bewertungen durchgeführt.

Ein gesundheitsbegleitender Service vermittelt u. a. Termine bei Fachärzten, kooperiert mit medizinischen Fachstellen vor Ort, koordiniert Therapien und fachliche Begleitung und unterstützt bei sprachlichen Barrieren. Zudem werden gezielte Aktionen zur Prävention angeboten. Für Führungskräfte und Mitarbeiter erfolgen Coaching, Mentoring und aktive Begleitung. Zur Erfolgskontrolle werden Umfragen und Analysen durchgeführt.

Das Konzept legt den Fokus auf die Wandlung von einer alters- zu einer alternsgerechten Arbeitsgestaltung und will gleichzeitig das Gesundheitsbewusstsein aller Mitarbeiter langfristig fördern. Geplant ist eine kontinuierliche Weiterentwicklung des Konzeptes.

Materialien

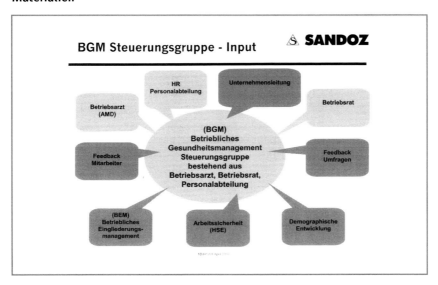

Weitere Materialien finden Sie unter: www.dbrp.de/deutscherbetriebsraetepreis/preis_2010/projekte/sandoz.php

»Die Kündigung von Unkündbaren«

Betriebsrat der Saxas Nutzfahrzeuge Werdau AG und
FZL-Service GmbH Werdau

Stichworte zum Projekt
- Unternehmen gründet neue GmbH und setzt dort vornehmlich Leiharbeitnehmer ein
- Betriebsrat drängt auf Einhaltung der Mitbestimmungsrechte – Unternehmen spricht fristlose Kündigung für Arbeitnehmervertreter aus

Unternehmen/Betrieb: Saxas Nutzfahrzeuge Werdau AG und FZL-Service GmbH Werdau
Branche: Nutzfahrzeuge
Zahl der Mitarbeiter: ca. 100
Gewerkschaft: IG Metall

Motiv

Das Verhältnis zwischen Geschäftsführung und Betriebsrat ist bei dem ostdeutschen Nutzfahrzeughersteller Saxas schon seit vielen Jahren durch Konflikte und Auseinandersetzungen gekennzeichnet.

Im Jahr 2009 kam es zu einer weiteren Zuspitzung, nachdem im Zuge der Wirtschaftskrise der Arbeitgeber sich weigerte, Kurzarbeit einzuführen. Stattdessen sollten Mitarbeiter entlassen werden. Nach öffentlichen Protesten, Interventionen aus der Politik und nach zwei Einigungsstellenverfahren wurde die Einführung der Kurzarbeit schließlich doch durchgesetzt.

Vorgehen

Seit Januar 2010 verzeichnet das Unternehmen eine Verbesserung im Auftragseingang. Parallel dazu erfolgte die Neugründung einer Firma (Saxas Mobile Systeme GmbH) mit identischem Produktionsprofil.

Diese beschäftigt im Wesentlichen Zeitarbeitnehmer und aus Sicht des Betriebsrates dem Unternehmen genehme Mitarbeiter. Große Teile der Stammbelegschaft wurden entweder in eine andere GmbH transferiert, wo sie teils artfremde Tätigkeiten verrichten, oder sie erhielten die betriebsbedingte Kündigung. Nach Einschätzung des Betriebsrates erfolgten diese Schritte, um die Mitbestimmungsrechte des Betriebsrates auszuhebeln und um die Stammbelegschaft gefügig zu machen. Eine Kommunikation dazu zwischen Betriebsrat und Geschäftsführung findet nicht statt, da sich die Geschäftsführung beharrlich weigert. mit dem Betriebsrat zu sprechen.

Hinzu kommt, dass das Unternehmen auch auf juristische Beratung durch eine Anwaltskanzlei zurückgreift, die in den letzten Jahren vor allem dadurch bekannt wurde, dass sie aggressiv im Sinne der Arbeitgeberseite auftritt.

Der Betriebsrat versuchte – trotz Neugründung und Transfer von Stammpersonal – dieser Entwicklung entgegenzuwirken. In der Folge wurden schließlich dem gesamten siebenköpfigen Gremium sowie dem Ersatzmitglied im Februar 2010 fristlose Kündigungen überreicht. Außerdem, so die Einschätzung der Arbeitnehmerseite, erfolgen aufgrund von Bagatelldelikten oder konstruierten Straftatbeständen verhaltensbedingte Kündigungen von Mitarbeitern, und es wurde zusätzlich noch eine Schadenersatzklage gegen einen Betroffenen eingereicht.

Ergebnisse
Mit Unterstützung der IG Metall Verwaltungsstelle Zwickau versucht der Betriebsrat zum Zeitpunkt der Bewerbung für den Deutschen Betriebsräte-Preis 2010 den Arbeitgeber zur Rücknahme der Kündigung und zur Einhaltung der Mitbestimmungsrechte der Arbeitnehmer sowie zur Einhaltung des BetrVG zu bewegen.

Materialien
Materialien finden Sie unter: www.dbrp.de/deutscherbetriebsraete-preis/preis_2010/projekte/saxas.php

Einsatz gegen eine feste Beltquerung zum Erhalt von Arbeitsplätzen

Betriebsrat der Scandlines Deutschland GmbH

Stichworte zum Projekt
- Betriebsrat sucht intensiven Austausch mit Kommunal-, Landes- und Bundespolitik sowie Umweltschutzinitiativen, um Brückenbau zu verhindern
- Trotz deutsch-dänischem Staatsvertrag zur festen Fehmarnbeltquerung setzt das Gremium Engagement für Erhalt der Arbeitsplätze fort

Unternehmen/Betrieb: Scandlines Deutschland GmbH, Fehmarn
Branche: Reederei
Zahl der Mitarbeiter: 640
Gerwerkschaft: NGG/Transnet

Motiv

Die Scandlines GmbH ist eine der größten Fährreedereien Europas. Das Unternehmen wurde 1998 durch die Fusion der beiden größten nationalen Fährgesellschaften Deutschlands und Dänemarks gegründet. Kernmarkt ist das Dreieck zwischen Deutschland, Dänemark und Schweden und damit auch die Fährverbindung über den Fehmarnbelt, die Verbindung zwischen der deutschen Ostseeinsel Fehmarn und dem dänischen Festland.

Nachdem zwischen beiden Ländern viele Jahr über den Bau einer festen Verbindung verhandelt wurde, kam es am 18. Juni 2009 zum Abschluss eines Staatsvertrages. Dieser vereinbart eine feste Fehmarnbeltquerung, was unweigerlich das Aus bzw. die deutliche Reduzierung für die bisherigen Fährverbindungen der Firma Scandlines bedeutet. Bei der Reederei wären damit rund 640 Arbeitsplätze von diesem Projekt betroffen.

Vorgehen

Der Betriebsrat von Scandlines engagierte sich daher schon seit Mitte der 90er Jahre, um den Bau einer festen Fehmarnbeltquerung, die gleichzeitig ein europäisches Projekt darstellt, zu verhindern. Dazu laufen kontinuierliche Abstimmungen innerhalb des Betriebsrates sowie mit den Gewerkschaften Transnet und NGG. Auf der Agenda der Aktionen und Initiativen des Betriebsrates, der über die Jahre an zahlreichen Veranstaltungen, Diskussionen und Gesprächsrunden in Deutschland und Dänemark teilgenommen hat, stand und steht vor allem auch der intensive Austausch mit Kommunal-, Landes- und Bundespolitikern aller Parteien. Unterstützt wurde der Betriebsrat zusätzlich durch das »Aktionsbündnis gegen eine feste Fehmarnbeltquerung«, das auf der Insel Fehmarn ansässig ist.

Ergebnisse
Trotz Abschluss des Staatsvertrages zwischen Deutschland und Dänemark, der eine feste Fehmarnbeltquerung beinhaltet, sieht der Betriebsrat weiterhin Chancen, dieses Projekt zu verhindern und damit die Arbeitsplätze bei Scandlines zu sichern.

Das Planfeststellungsverfahren beginnt demnach erst im Jahr 2012, was dem Betriebsrat einen weiteren Zeitkorridor für seinen Einsatz gegen das Projekt eröffnet. Geplant ist zudem, zusammen mit Umweltorganisationen Klagen gegen den Bau einzureichen. Zum gegenwärtigen Zeitpunkt soll der Bau im Jahr 2013 beginnen und 2018 fertig gestellt werden.

Materialien
Materialien finden Sie unter: www.dbrp.de/deutscherbetriebsraete-preis/preis_2010/projekte/scandlines.php

Härtefonds bei Kurzarbeit

Betriebsrat der Schmitz Cargobull AG

Stichworte zum Projekt
- Zur Abmilderung finanzieller Härten im Zusammenhang mit Kurzarbeit vereinbaren Betriebsrat und Geschäftsführung die Bereitstellung von Geldern
- Härtefonds – Verwaltung paritätisch durch Betriebsrat und Arbeitgeber – begrenzt Nettoeinbußen und stellt für besondere Einzelfälle Mittel bereit.

Unternehmen/Betrieb: Schmitz Cargobull AG, Altenberge
Branche: Nutzfahrzeugbau
Zahl der Mitarbeiter: ca. 1000
Gewerkschaft: IG Metall

Motiv
Mitte 2008 verzeichnete das Unternehmen Schmitz Cargobull AG einen Auftragseinbruch von 90 %. Anfangs wurde der bestehende Auftragsbestand – soweit er noch Bestand hatte und nicht storniert wurde – abgearbeitet. Bis Ende Oktober 2008 wurden alle 474 Leiharbeitnehmer abgemeldet. 248 befristete Mitarbeiter erhielten eine Verlängerung bis zum 31.3.2009. Diese lief danach aus. Diese Maßnahmen führten insgesamt dazu, dass die Belegschaft auf aktuell ca. 1000 Mitarbeiter reduziert wurde.

Vorgehen
Ab Dezember 2008 wurde im Unternehmen Kurzarbeit vereinbart. Für viele Mitarbeiter bedeutete diese Maßnahme Kurzarbeit im Umfang von bis zu 100 %. Hierfür wurde – da der Arbeitgeber nicht bereit war, das Kurzarbeitergeld von 60 % bzw. 67 % aufzustocken – in der Einigungsstelle zur Einführung von Kurzarbeit ein vom Arbeitgeber finanzierter Härtefonds in Höhe von € 250 000,– vereinbart. Der Härtefonds wird paritätisch vom Betriebsrat und vom Arbeitgeber verwaltet.

Ergebnisse

Dieser Härtefonds ist seit Anfang 2009 durch Einkommensverzicht vom Vorstand bis zu den Mitarbeitern aller Hierarchieebenen aufgestockt worden. Zusätzlich haben die Mitarbeiter auf Zuschüsse zu Betriebsfesten verzichtet. Dadurch hat sich das Gesamtvolumen des Härtefonds auf € 465 000,– erhöht.

Das Geld des Fonds wird verwendet, um das Nettoeinkommen auf 80 % zu erhöhen. Hierzu wird für jeden Mitarbeiter die Differenz des individuellen Nettoeinkommens mit Kurzarbeitergeld zum (theoretischen) Nettoeinkommen ohne Kurzarbeitergeld monatlich berechnet. Sofern das tatsächliche individuelle Nettoeinkommen mit Kurzarbeitergeld weniger als 80 % des theoretischen Nettoeinkommens beträgt, wird der Betrag errechnet, der notwendig ist, um das tatsächliche Nettoeinkommen auf 80 % des theoretischen Nettoeinkommens zu erhöhen. Dieser Betrag wird (um Steuern und Sozialabgaben zumindest teilweise zu kompensieren) mit dem Faktor 1,4 multipliziert und mit der nächsten Abrechnung ausgezahlt.

Zusätzlich erhalten einzelne Mitarbeiter bei besonderen individuellen Härtefällen Leistungen aus dem Geldfonds. Insgesamt wurden aus dem Härtefonds dafür € 50 000,– zurückgestellt. Hierbei geht es jeweils um Einzelfallregelungen auf Antrag des betroffenen Mitarbeiters.

Zum Zeitpunkt der Bewerbung um den Deutschen Betriebsräte-Preis 2010 ist das Ziel, die Aufstockung des Kurzarbeitergeldes bis zum Ende der Kurzarbeit im November 2010 aufrecht zu erhalten.

Nachtrag August 2010: Mittlerweile hat bei Schmitz Cargobull die Auftragslage wieder kräftig angezogen – die Kurzarbeit ist seit Juli 2010 beendet. Es wurde kein Mitarbeiter der Stammbelegschaft entlassen. Somit war die Kurzarbeit bei Schmitz Cargobull für diesen Teil der Belegschaft ein voller Erfolg. Und mit dem Härtefonds wurde den Mitarbeitern das finanzielle Überleben in der harten Zeit ermöglicht.

Materialien

Materialien finden Sie unter: www.dbrp.de/deutscherbetriebsraete-preis/preis_2010/projekte/schmitz_cargobull.php

Europäische Betriebsvereinbarung »Null Unfälle«

Betriebsrat der Schott AG

Stichworte zum Projekt
- Entwicklung einer europäischen Betriebsvereinbarung zum Thema Arbeits- und Gesundheitsschutz
- Verhandlungskommission mit Beteiligung deutscher Betriebsräte legte Grundlage für eine Vereinbarung, die jetzt weltweit im Konzern eingeführt werden soll

Unternehmen/Betrieb:	Schott AG, Mainz
Branche:	Glasindustrie
Zahl der Mitarbeiter:	ca. 2500
Gewerkschaft:	IG BCE

Motiv

Das Management der Firma Schott AG mit Hauptsitz in Mainz, entwickelte Ende 2005 die Idee eines Programms mit dem Titel »Null Unfälle, du bist mir wichtig«. Das Ziel der Konzernleitung, die Unfallzahlen im Unternehmen auf Null zu senken, erfuhr von Seiten des Betriebsrates volle Unterstützung. Allerdings gab es zum Teil unterschiedliche Sichtweisen auf die Thematik.

Vorgehen

Im Jahr 2008 startete das Euroforum Schott eine von der EU geförderte Maßnahme zur Entwicklung neuer Ideen mit den Themen »Konfliktmanagement«, »Moderne Formen der Arbeitszeit« und auch zum Projekt »Null Unfälle«. Das letztgenannte Thema wurde während eines Workshops und mehrerer Sitzungen detailliert beleuchtet, vor allem was die Herangehensweise und die geplanten Umsetzungen an allen europäischen Standorten des Unternehmens betraf.

Im Ergebnis wurde eine Verhandlungskommission mit Mitgliedern aus Deutschland, Tschechien und Spanien gebildet. Diese hatte den Auftrag, eine gemeinsame Vorgehensweise von Unternehmen und Betriebsräten zu diesem Thema zu erarbeiten. Zu diesem Zeitpunkt der Diskussion ging es allerdings noch nicht um eine europäische Betriebsvereinbarung.

Während der Verhandlungen zeigte sich jedoch schnell, dass eine Betriebsvereinbarung allen Seiten zum Erreichen der Ziele die notwendige Rechtssicherheit bieten würde und so wurde beschlossen, die Verhandlungskommission mit dem Auftrag auszustatten, eine europäische Betriebsvereinbarung auszuarbeiten.

Ergebnisse

Am 20. April 2010 wurde in Mainz die europäische Betriebsvereinbarung »Zero Accident Program« von Konzernleitung und dem Vorsitzenden des Euroforums Schott unterzeichnet. Somit konnten die ursprünglich angestrebten Ziele deutliche übertroffen werden. Die Konzernleitung ist nun bemüht einen Weg zu finden, diese Betriebsvereinbarung freiwillig weltweit einzuführen.

Materialien

Null Unfälle - Du bist mir wichtig

- auf **1** meldepflichtigen Unfall kommen
- **30** nicht meldepflichtige Unfälle
- **300** Beinaheunfälle
- **3000** unsichere Handlungen

Weitere Materialien finden Sie unter: www.dbrp.de/deutscherbetriebsraetepreis/preis_2010/projekte/schott.php

Sicherung von Logistik-Arbeitsplätzen

Betriebsrat und Konzernbetriebsrat der Schwab Versand GmbH und der Otto Group

Stichworte zum Projekt
- Umstrukturierung der Otto Logistik bedrohte Arbeitsplätze an zahlreichen deutschen Standorten
- Enger Zusammenschluss der Konzernbetriebsräte und Kooperation mit dem Unternehmen verhinderte Standortschließungen

Unternehmen/Betrieb:	Schwab Versand GmbH, Hanau
Branche:	Versandhandel
Zahl der Mitarbeiter:	ca. 26 000 (Otto Group)
Gewerkschaft:	ver.di

Motiv
Im August 2008 hat der Otto Group-Vorstand erstmals die Mitglieder des Konzernbetriebsrates darüber informiert, seine Logistikstandorte hinsichtlich Sinnhaftigkeit des geographischen Standortes, Leistungsfähigkeit und Tarif überprüfen zu wollen, betroffen davon war auch der zum Unternehmen zählende Schwab-Versand in Hanau. Eine Umstrukturierung der Otto-Logistik betrifft mehr als 7000 Arbeitsplätze. Anfangs wusste niemand genau, welche Arbeitsplätze direkt gefährdet waren. Verschiedene Szenarien wurden dem Konzernbetriebsrat vorgestellt und mit diesem besprochen. Die für den Arbeitgeber attraktivsten Szenarien beinhalteten u. a. die komplette Schließung von Logistikstandorten und den Verlust vieler Arbeitsplätze.

Vorgehen
Dieses Risiko wurde vom Konzernbetriebsrat erkannt, und es wurde in enger Kooperation mit der Gewerkschaft ver.di eine Verhandlungsgruppe gegründet, um mit dem Arbeitgeber konstruktiv Alternativen zu beraten. Die Aktion erfolgte unter dem Projekttitel »Neue marktorientierte Lagerlogistik«. Die Konzernbetriebsräte haben sich eng zusammengeschlossen und ihre Forderungen gemeinsam vertreten. Die engere Verhandlungsgruppe umfasste bis zu 20 Personen, die dann in einer ausgeweiteten Verhandlungskommission mit Vertretern aller Standorte und ver.di jeweils die Verhandlungsstrategie und die weitere

Vorgehensweise abstimmten. Hierzu trafen sich regelmäßig bis zu 60 Vertreter der Arbeitnehmer und von ver.di aus ganz Deutschland, überwiegend in Hamburg bei Otto, aber auch an anderen zentralen Orten.

Bei den Verhandlungen mit der Arbeitgeberseite standen vor allem folgende Ziele im Vordergrund:
- Kein Standort wird geschlossen.
- Niemand wird betriebsbedingt gekündigt.
- Niemandem wird der Lohn gekürzt.
- Tarifliche Standards werden gesichert.

Bei der Durchsprache sämtlicher Alternativszenarien wurden immer neue Variationen entwickelt, um die Ziele der Arbeitnehmer-Verhandlungskommission zu erreichen. Es wurde aber auch gleichzeitig auf die Forderungen der Arbeitgeberseite eingegangen.

Ergebnisse
Nach mehr als halbjähriger Verhandlung konnte erreicht werden, dass kein Standort in Deutschland geschlossen wird, die meisten Arbeitsplätze erhalten bleiben und dennoch auch eine für den Arbeitgeber wirtschaftlich tragfähige Lösung gefunden wurde.

Das Projekt hat aus Sicht des Betriebsrates gezeigt, dass eine partnerschaftliche, vertrauensvolle Zusammenarbeit zwischen Arbeitgeber und Arbeitnehmer und die Einschaltung regionaler Vertreter der vom Arbeitsplatzverlust bedrohten Standorte zum Erfolg für alle Beteiligten führen kann.

Materialien
Materialien finden Sie unter: www.dbrp.de/deutscherbetriebsraete-preis/preis_2010/projekte/schwab.php

Solidarität in der Krise

Betriebsrat der Sell GmbH

Stichworte zum Projekt
- Gemeinsames Forderungskonzept von Betriebsrat, Beschäftigten und IG Metall zur Übernahme von befristet Beschäftigten und dem Erhalt aller Arbeitsplätze
- Solidarisches Handeln, aktive Einbindung der Öffentlichkeit und strategisches Vorgehen sichern Zukunftsfähigkeit des Unternehmens

Unternehmen/Betrieb:	Sell GmbH, Herborn
Branche:	Luftfahrtindustrie
Zahl der Mitarbeiter:	ca. 1250
Gewerkschaft:	IG Metall

Motiv

Die Sell GmbH, Hersteller von Flugzeugküchen, gehört im Rahmen eines geschlossenen Investmentfonds zur britischen Royal Bank of Scotland (RBS). Trotz guter Auftrags- und Gewinnsituation steht das Unternehmen aufgrund einer aus Sicht des Betriebsrates absurden Geschäftspolitik und einer unverantwortlichen Abschöpfung aller Gewinne immer wieder vor existenzbedrohenden Situationen. Anstelle von Zukunftsinvestitionen gibt es Schulden, werden Zulieferbetriebe an den Rand des Ruins getrieben, und die Belegschaft bangt um Zukunft und Arbeitsplätze.

Zwar konnte dem britischen Management bereits 2007 nach langen Auseinandersetzungen eine Standort- und Beschäftigungsgarantie für alle unbefristet Beschäftigten abgerungen und Verlagerungen in so genannte Low-Cost-Countries verhindert werden. Allerdings wurden fest vereinbarte Investitionen nicht getätigt und im Frühjahr 2009 ein Personalabbau von 400 der insgesamt 1200 Beschäftigten angekündigt. Allein über 350 befristet beschäftigte Arbeitnehmer sollten nach Auslaufen der Arbeitsverträge nicht weiterbeschäftigt werden. Außerdem sollten in Zukunft nur noch Aufträge angenommen werden, die zu einer Rendite von über 25 % führen. Erste Aufträge, die unter dieser Zielmarge lagen, wurden abgelehnt. Die Unzufriedenheit der Kunden stieg und gefährdete nach Auffassung des Betriebsrates die langfristige Zukunft des Unternehmens.

Vorgehen
Betriebsrat, Beschäftigte und IG Metall Herborn entwickelten daraufhin gemeinsam ein Forderungskonzept mit folgenden wesentlichen Schwerpunkten:
- Erhalt aller Arbeitsplätze
- sofortige Übernahme aller befristet Beschäftigten in unbefristete Arbeitsverhältnisse
- Ausschluss von betriebsbedingten Kündigungen
- Zukunftsinvestitionen am Standort
- Sicherstellung einer eigenständigen und ausreichenden Finanzierung der Sell GmbH
- Annahme aller Aufträge, die ohne Verlust gefertigt werden können

Ergebnisse
Nach wochenlangen Auseinandersetzungen im Unternehmen und der Öffentlichkeit, mehreren Betriebsversammlungen, Arbeitsniederlegungen und Protestaktionen, darunter eine Kundgebung mit mehr als 3000 Teilnehmern, haben sich Betriebsrat, Beschäftigte und IG Metall in allen Punkten durchgesetzt. Alle bis dato nur befristet Beschäftigten (350) wurden in unbefristete Arbeitsverhältnisse übernommen und für alle Beschäftigten werden betriebsbedingte Kündigungen bis 30. Juni 2012 ausgeschlossen.

Darüber hinaus ist es gelungen, eine Zusage für die Einstellung von 50 Konstrukteuren zu erreichen. Des Weiteren wurde die Betriebsvereinbarung von 2007, in der eine Verlagerung von Produktionsstätten ausgeschlossen wurde, nochmals weiter präzisiert.

Trotz Krise und massiver Bedrohung der Zukunftsfähigkeit des Unternehmens konnten durch das gemeinsame solidarische und flexible Handeln im Rahmen des Betriebsverfassungsgesetzes und darüber hinaus, zuvor als scheinbar unmögliche bezeichnete Verhandlungserfolge erzielt werden.

Materialien
Materialien finden Sie unter: www.dbrp.de/deutscherbetriebsraete-preis/preis_2010/projekte/sell.php

Ganzheitliche Gefährdungsbeurteilung

Betriebsrat der SICK AG

Stichworte zum Projekt
- Betriebsvereinbarung zur Gefährdungsbeurteilung als Teil des gesamten betrieblichen Gesundheitsmanagements
- Erhebungsinstrumente berücksichtigen besonders die wachsenden psychischen Belastungen der Mitarbeiter

Unternehmen/Betrieb:	SICK AG, Waldkirch
Branche:	Metall- und Elektroindustrie
Zahl der Mitarbeiter:	ca. 1900 (AG); ca. 5000 (Konzern)
Gewerkschaft:	IG Metall

Motiv
Die SICK AG ist einer der weltweit führenden Hersteller von Sensoren und Sensorlösungen. Die betriebliche Gesundheitsfürsorge und -vorsorge spielen bei dem weltweit operierenden Unternehmen seit vielen Jahren eine wichtige Rolle. Das betriebliche Gesundheitsmanagement, verstanden als ganzheitlicher Ansatz, umfasst dabei sämtliche Themenfelder, die die Mitarbeiter in ihrer Lebens- und Arbeitswelt unterstützen und entlasten. Neben dem demografischen Wandel ist auch in diesem Unternehmen eine Verschiebung des Krankheitsspektrums zu beobachten, nämlich eine Zunahme der psychischen Belastungen.

Vorgehen
Vor diesem Hintergrund schloss der Betriebsrat der SICK AG mit dem Arbeitgeber eine Betriebsvereinbarung, die einen wesentlichen Beitrag zur Umsetzung des im Unternehmen definierten Leitbildes zur Gesundheitsförderung leistet. Dabei wurde insbesondere dem Faktor der psychischen Belastung besonderes Gewicht eingeräumt.

Grundgedanke der Vereinbarung ist dabei, die Organisation der Gefährdungsbeurteilung als Teil des gesamten betrieblichen Gesundheitsschutzes im Sinne eines permanenten Verbesserungsprozesses aufzubauen und die weitreichende Mitbestimmung (Arbeitsschutzgesetz und entsprechende Rechtsprechung) voll zu nutzen. Insbesondere geht es um die Umsetzung der Gefährdungsbeurteilung hinsichtlich Inhalten und Verfahren – gemäß Arbeitsschutzgesetz – sowie der Beurteilung der Arbeitsbedingungen, der Dokumentation der Wirksamkeitskontrolle und der Mitwirkungsrechte und -pflichten der Mitarbeiter.

Zur Umsetzung dieser Betriebsvereinbarung und zur Durchführung und Steuerung der Gefährdungsbeurteilung bilden Arbeitgeber und Betriebsrat den Steuerkreis Ganzheitliche Gefährdungsbeurteilung. Dieser wird paritätisch durch beide Seiten besetzt. Vereinbart wurde, dass im Unternehmen eine Organisation zum betrieblichen Gesundheitsschutz auf- und ausgebaut wird und dass die ganzheitliche Gefährdungsbeurteilung zunächst in einer Pilotphase durchgeführt wird. Zudem wird die Qualifizierung und Schulung der Führungskräfte und Mitarbeiter der betroffenen Abteilungen geregelt.

Die Durchführung der Gefährdungsbeurteilung erfolgt in der Pilotphase mit folgenden Erhebungsinstrumenten: Fragebogen, Einzelarbeitsplatz-Analysen durch eine externe Beratung, Feedback-Veranstaltungen in den Pilotbereichen und Workshops mit den Mitarbeitern und anschließendem Feedback an die Führungskräfte.

Neben der regelmäßigen Dokumentation der Ergebnisse und Maßnahmen spielt auch die aktive Mitarbeiterbeteilung eine zentrale Rolle. Dazu werden Schulungen, Infoveranstaltungen und Workshops durchgeführt. Außerdem stehen so genannte »Kümmerer« als Multiplikatoren zur Verfügung, die die Maßnahmen aktiv begleiten und unterstützen. Kümmerer wie Führungskräfte geben regelmäßig Rückmeldung an den Steuerkreis, so dass auch Rückschläge oder Schwierigkeiten bei der Verbesserung der Arbeitsbedingungen bearbeitet werden können.

Ergebnisse

Insgesamt wurde damit ein Prozess implementiert, der eine hohe Qualität von der Konzeption bis zur Durchführung garantiert. Eine intensive Mitarbeiterbeteiligung und regelmäßige Öffentlichkeitsarbeit im Betrieb unterstützen die Maßnahmen. Zudem sorgt eine wissenschaftliche Begleitung für die qualifizierte Einordnung der gewonnenen Erkenntnisse

Materialien

Materialien finden Sie unter: www.dbrp.de/deutscherbetriebsraete-preis/preis_2010/projekte/sick.php

Motivation der Mitarbeiter durch aktive Gestaltung der Arbeitsbedingungen

Betriebsrat der Siemens AG, Niederlassung Hannover

Stichworte zum Projekt
- Gemeinschaftsprojekt »Gute Arbeit« unter Beteiligung von Betriebsrat, Schwerbehindertenvertretung und IG Metall
- Umfassende Befragung zur Überprüfung der Arbeitssituation liefert Grundlage für konkrete Maßnahmen zur Verbesserung im Unternehmen

Unternehmen/Betrieb:	Siemens AG, Niederlassung Hannover, Laatzen
Branche:	Elektroindustrie
Zahl der Mitarbeiter:	ca. 1000
Gewerkschaft:	IG Metall

Motiv
Angesichts vielfältiger Umbrüche in der Arbeit erhält das Handlungsfeld »Gestaltung der Arbeitsbedingungen« für die Betriebsratsgremien insgesamt eine neue Brisanz. Empirische Befunde weisen sowohl auf einen enormen Handlungsbedarf als auch auf eine große Sensibilität der Beschäftigten hin; zweitens liegen mit den in den 90er Jahren geänderten gesetzlichen Grundlagen weitreichende Einflussmöglichkeiten bei den betrieblichen Interessenvertretungen, die eine aktive Behandlung des Themas erleichtern, ja geradezu einfordern.

Im Sommer 2008 wurde dem Betriebsrat durch Vertreter der IG Metall das Projekt »Gute Arbeit« vorgestellt. Auf Grund dieser Vorstellung wurde Anfang 2009 nach Debatte im Betriebsrat der Siemens Niederlassung Hannover beschlossen, eine Arbeitsgruppe zu gründen, die in Zusammenarbeit mit der IG Metall im Rahmen des Projektes »Gute Arbeit« eine Überprüfung der Arbeitssituation in zunächst zwei Bereichen / Abteilungen der Niederlassung durchführen soll.

Die Arbeitsgruppe setzt sich aus Betriebsratsmitgliedern – schwerpunktmäßig aus dem Arbeitskreis Arbeitssicherheit und Gesundheitsschutz, Vertrauensleuten der ausgesuchten Bereiche, Vertretern der IG Metall und der Schwerbehindertenvertretung zusammen. Wissenschaftliche Beratung erfolgte durch das IGP – Institut für Gesundheitsförderung und Personalentwicklung, Hannover.

Vorgehen
Die Ziele des Projekts:
- Feststellung von Belastungssituationen in ausgesuchten Bereichen der Niederlassung.
- Festlegung und Durchführung von Maßnahmen mit Beteiligung der Beschäftigten. Hierbei sollen Belastungen erkannt und entsprechende Projektschritte zur Verbesserung eingeleitet und umgesetzt werden.
- Verbesserung der Zusammenarbeit von Belegschaft und Betriebsrat.
- Mehr Transparenz der Betriebsratsarbeit.
- Aktivierung der Belegschaft.
- Durch das Erleben praktischer Problemlösungen – z. B. zu den Themen Mehrarbeit, Stress, psychische Belastungen – soll die Motivation zur Mitarbeit des Einzelnen erhöht werden.
- Engere Bindung der Mitarbeiter des Bereichs an den Betriebsrat.
- Information, Kommunikation und Transparenz für Hilfe zur Selbsthilfe und Unterstützung.

Nach einer Vorbereitungsphase, in der u. a. das Projektziel festgelegt, das Projektteam gebildet und die zentralen Fragestellungen definiert wurden, folgte dann die Informations- und Analysephase. Diese bildete die Grundlage für die die zentrale Datenerhebung in Form einer umfassenden schriftlichen Befragung der Mitarbeiter. Diese wurden umfassend über Inhalte und Vorgehen des Projektes informiert, auch um die Akzeptanz für das Projekt innerhalb der Belegschaft zu födern. Schließlich folgten Befragung, Evaluation und die Darstellung/Präsentation der Ergebnisse.

Ergebnisse
Die Ergebnisse werden dafür verwendet, um geeignete Maßnahmen abzusprechen und durchzuführen. Die Projektgruppe ist sich darüber im Klaren, dass der gesamte Prozess auch nach mehreren Jahren nicht abgeschlossen ist. Es gilt, die gewonnenen Kenntnisse nicht nur in den ausgesuchten Projektbereichen anzuwenden und dort auf die Abhilfe negativer Einflüsse zu drängen, sondern durch regelmäßige Informationen und persönliche Gespräche den kontinuierlichen Verbesserungsprozess ständig zu begleiten. Eine anschließende Publikation ist angedacht, wobei eine entsprechende Form noch abzustimmen wäre. Eventuell erfolgt ein Bericht im »IT-Magazin« und/oder »Siemens Dialog« sowie eine Darstellung des Projekts auf verschiedenen Fachseminaren.

Materialien
Materialien finden Sie unter: www.dbrp.de/deutscherbetriebsraete-preis/preis_2010/projekte/siemens_hannover.php

Betriebsvereinbarung Interessenausgleich und Sozialplan

Betriebsrat der Siemens VAI Metals Technologies GmbH

Stichworte zum Projekt
- Sozialplan schafft Grundlage für den Erhalt von Arbeitsplätzen und die Vermeidung betriebsbedingter Kündigungen
- Weitere Betriebsvereinbarungen zur Altersteilzeit und Kurzarbeit unterstützen bei Beschäftigungssicherung

Unternehmen/Betrieb: Siemens VAI Metals Technologies GmbH, Willstätt-Legelshurst
Branche: Anlagenbau
Zahl der Mitarbeiter: 340
Gewerkschaft: IG Metall

Motiv
Im Frühjahr 2009 wurde der Gesamtbetriebsrat des Anlagenbauers von der Geschäftsführung darüber informiert, dass aufgrund der aktuellen Finanz- und Wirtschaftskrise die Auftragseingänge deutlich rückläufig sind und, noch verstärkt durch den Einbruch auf dem Stahlmarkt, massive Umstrukturierungen an mehreren Siemens-Standorten geplant werden. Dies bedeutete für die Belegschaft, dass in einem großen Umfang Arbeitsplätze abgebaut werden und sich die wirtschaftliche Situation für die verbleibenden Mitarbeiter deutlich verschlechtert.

Vorgehen
Für den Betriebsrat standen damit die Sicherung von möglichst vielen Arbeitsplätzen und die Vermeidung von betriebsbedingten Kündigungen an vorderster Stelle seiner Bemühungen und Aktionen. Die Arbeitnehmervertreter führten dazu langwierige und schwierige Verhandlungen, um im Rahmen von verschiedenen Betriebsvereinbarungen tragfähige Lösungen für die Belegschaft und die wirtschaftliche Zukunft des Unternehmens zu finden.

Ergebnisse

Vereinbart wurde u. a. eine Betriebsvereinbarung Interessenausgleich und Sozialplan, die dazu führte, dass viele Arbeitsplätze erhalten werden konnten. Gleichzeitig wurde erreicht, dass betriebsbedingte Kündigungen vermieden werden. Neben beschäftigungssichernden Maßnahmen vereinbarten die Parteien auch Regelungen zur Beendigung des Arbeitsverhältnisses durch Aufhebungsvertrag und Wechsel in eine betriebsorganisatorisch eigenständige Einheit (beE). Unter einer beE versteht man eine Auffanggesellschaft, die dazu dient, die Mitarbeiter marktorientiert weiter zu qualifizieren, um Ihnen zu helfen, auf dem Arbeitsmarkt wieder Fuß zu fassen.

Die Laufzeit der Betriebsvereinbarung erstreckt sich bis Mitte 2012.

Ergänzend dazu wurde frühzeitig vom Betriebsrat in Eigeninitiative eine Betriebsvereinbarung zu den Rahmenbedingungen und der Einführung von Kurzarbeit erarbeitet und bis Ende 2009 abgeschlossen.

In einer weiteren Betriebsvereinbarung zur Altersteilzeit wurden für die GmbH Bedingungen erreicht, die sich an Vereinbarungen anlehnen, die für andere Siemens-Unternehmen gelten.

Weiterhin wurde im März 2010 eine Manteltarifbindung erzielt. Diese enthält u. a. Vereinbarungen zum Altersschutz und zur Übernahme von Auszubildenden.

Die umfangreichen Aktivitäten des Betriebsrates haben außerdem dazu beigetragen, dass der Organisationsgrund, der vor der Wirtschaftskrise fast gegen null tendierte, sich auf aktuell ca. 60 % deutlich erhöht hat.

Insgesamt hat der Einsatz des Betriebsrates damit wesentlich dazu beigetragen, dass für die verbliebenen Arbeitsplätze eine langfristige Grundlage gelegt wurde.

Materialien

Materialien finden Sie unter: www.dbrp.de/deutscherbetriebsraete-preis/preis_2010/projekte/siemens_vai.php

»Klimabeauftragte« als Stimmungsbarometer der Belegschaft

Betriebsrat der SMA Solar Technology AG

Stichworte zum Projekt
- Klimabeauftragte als Schnittstelle zwischen Betriebsrat, Vorgesetzen und Mitarbeitern
- Durch offene Kommunikation werden Gerüchte frühzeitig erkannt und Möglichkeiten zur konstruktiven Lösung geschaffen

Unternehmen/Betrieb: SMA Solar Technology AG
Branche: Regenerative Energien/Solar
Zahl der Mitarbeiter: ca. 5800

Motiv
Wie ist die Stimmung im Unternehmen? Wen drückt wo der Schuh? Warum entstehen Gerüchte und was kann aktiv dagegen getan werden, dass sich die schlechte Stimmung Einzelner negativ auf das gesamte Betriebsklima niederschlägt? Der Betriebsrat der auf regenerative Energien spezialisierten SMA Solar Technology AG initiierte dazu das Projekt »Klimabeauftragte«.

Vorgehen
Mit der Implementierung dieser so genannten »Klimabeauftragen« sollen Probleme von Mitarbeitern in den Abteilungen früher erkannt und konstruktiv gelöst werden. Der Betriebsrat und die Vorgesetzten müssen sich nicht auf Gerüchte verlassen, um von den Problemen der Mitarbeiter zu erfahren. Damit wird zudem eine Anlaufstelle gebildet, wenn Probleme von Vorgesetzten nicht gelöst werden können. Die Klimabeauftragten haben zudem den Vorteil, dass sie direkt an der Quelle sitzen und selbst sehen, wo ggf. Handlungsbedarf besteht.

Die Klimabeauftragten bilden dazu die Schnittstelle zwischen Betriebsrat, Vorgesetzten (Abteilungsleiter, Gruppenleiter oder Teamleiter) und den Mitarbeitern. Sie nehmen Probleme in ihrer jeweiligen Abteilung wahr und können zusammen mit dem Betriebsrat und den Vorgesetzten positive Veränderungen für die Belegschaft erzielen. Ihre Aufgaben bestehen außerdem darin, zur Klärung von Sachverhalten beizutragen und Probleme an den Betriebsrat weiter zu berichten. Zudem können sie dem Betriebsrat über Veränderungen in der Abteilung berichten, beispielsweise, wenn Umstrukturierungen erfolgen oder neue Schichtsysteme eingeführt werden.

Klimabeauftragter kann jeder Mitarbeiter, auch ein Zeitarbeitnehmer oder der Teamleiter selbst werden. Dazu wird er direkt von der jeweiligen Gruppe gewählt. Im Gegensatz zu Mitgliedern des Betriebsrates erhalten Klimabeauftragte aber keinen gesetzlichen Sonderkündigungsschutz.

Die Zusammenarbeit mit dem Betriebsrat ist so geregelt, dass regelmäßige Treffen stattfinden, um sich gegenseitig zu informieren und einen Abgleich über den aktuellen Stand von Problemen durchzuführen.

Nach der Wahl des neuen Betriebsratsgremiums in 2010 soll dann ein Ausschuss gebildet werden, der die einzelnen Klimabeauftragten fest betreut. Zudem will der Betriebsrat die Wahl von Klimabeauftragten in allen Abteilungen des Unternehmens initiieren.

Ergebnisse
Insgesamt tragen die Klimabeauftragen, in enger Zusammenarbeit mit dem Betriebsrat und den Vorgesetzten, dazu bei, eine offene Kommunikationskultur im Unternehmen zu verankern. Dies eröffnet dem einzelnen Mitarbeiter zusätzlich die Möglichkeit, Gerüchten mit gezielten Informationen entgegenzuwirken und sie so schnell zu entkräften.

Materialien
Materialien finden Sie unter: www.dbrp.de/deutscherbetriebsraete-preis/preis_2010/projekte/sma.php

Hilfe für Kollegen in Not

Betriebsrat der Stadtwerke Osnabrück AG

> *Stichworte zum Projekt*
> - Betriebsrat richtet Fonds für besondere Härtefälle ein
> - Geldtopf wird aus Beitrag der Belegschaft und einem gleich hohen Zuschuss des Arbeitgebers gespeist
>
> *Unternehmen/Betrieb:* Stadtwerke Osnabrück AG, Osnabrück
> *Branche:* Regionaler Dienstleister und Versorger
> *Zahl der Mitarbeiter:* ca. 1200
> *Gewerkschaft:* ver.di

Motiv
Gelebte Solidarität mit Kollegen – auch über den betrieblichen Alltag hinaus – kann besonders in persönlichen Notlagen und bei individuellen Härtefällen im privaten Umfeld ein wichtiges Zeichen setzen.

Vorgehen
Um Kolleginnen und Kollegen, die von schweren Schicksalsschlägen getroffen werden, aktiv und kurzfristig zu helfen, entwickelte der Betriebsrat der Stadtwerke Osnabrück die Idee, einen Notfonds für Kollegen einzurichten. Ziel war die Schaffung eines Fonds, in den alle Mitarbeiter einzahlen und aus dem heraus dann Betroffene schnell und ohne großen Verwaltungsaufwand Leistungen erhalten.

Ergebnisse
In enger Abstimmung mit dem Arbeitgeber entwickelte der Betriebsrat das Konzept des Fonds »Kollege in Not« und schuf in kurzer Zeit alle Voraussetzungen, um damit betroffene Mitarbeiter kurzfristig und unbürokratisch in Notsituationen zu unterstützen.

Die Verwaltung erfolgt durch den Betriebsrat und die Entscheidung über die Vergabe wird durch ein im Unternehmen bereits bestehendes Integrationsteam getroffen, da in diesem Gremium die nötige soziale und emotionale Kompetenz zur Beurteilung des Einzelfalls vorhanden ist.

Gespeist wird der Geldtopf mit einem Euro monatlich, den jeder Mitarbeiter mit seiner Gehaltsabrechung direkt einzahlen kann.

Der Arbeitgeber hat außerdem zugesagt, für jeden Euro von Mitarbeiterseite einen Euro von Unternehmensseite beizusteuern. Somit verdoppelt sich der durch die Belegschaft eingezahlte Betrag und es kann in kurzer Zeit ein solider Grundstock für eine wirksame Hilfe aufgebaut werden.

Materialien

Weitere Materialien finden Sie unter: www.dbrp.de/deutscherbetriebsraetepreis/preis_2010/projekte/stadtwerke_osnabrueck.php

Einführung flexibler Arbeitszeit in Verbindung mit Karenztagsregelung und sozialen Leistungen

Betriebsrat der SWE Stadtwirtschaft GmbH

Stichworte zum Projekt
- Einführung flexibler Arbeitszeit in Verbindung mit Karenztageregelung und sozialen Leistungen an Arbeitnehmer und Arbeitnehmerinnen
- Zeitsouveränität für Mitarbeiter und Erhalt der Mitbestimmungsrechte gesichert

Unternehmen/Betrieb:	SWE Stadtwirtschaft GmbH, Erfurt
Branche:	Entsorgung
Zahl der Mitarbeiter:	306
Gewerkschaft:	ver.di

Motiv

Bis 31.12.2006 hatte bei der SWE Stadtwirtschaft GmbH, einem Unternehmen der Abfallwirtschaft, eine Betriebsvereinbarung zur Arbeitszeit Gültigkeit, die von Mitarbeitern und Betriebsrat als äußerst positiv bewertet wurde. Diese enthielt u.a. Regelungen zu Überstunden bei Mehrbedarf an Arbeitsleistung und Freizeitausgleich. Im Jahr 2006 verlor das Unternehmen einen bedeutenden Leistungsauftrag mit Wirkung zum 1.1.2007.

Vorgehen

Bei den sich anschließenden Verhandlungen über eine Neuregelung wollte der Betriebsrat vor allem Kündigungen vermeidet. Dazu wurde auf Betriebsversammlungen und in vielen Gesprächen in den Einzelbereichen deutlich gemacht, dass nur die Solidarität aller den bis dato gut geregelten Standard der Belegschaft weiter sichern werde. Von Seiten der Arbeitnehmervertretung wurde zuerst Arbeitszeitverkürzung in Verknüpfung mit Beschäftigungssicherung für die gesamte Belegschaft vorgeschlagen (zu dieser Zeit gab es im öffentlichen Dienst einen entsprechenden anwendbaren Tarifvertrag soziale Absicherung). In der weiteren Diskussion brachte das Unternehmen eine Altforderung nach flexibler Arbeitszeit ein. Demnach sollten durch Einsparung der Überstundenzuschläge in Verbindung mit einem teilweisen Verzicht auf übertarifliche Zulagen der gleiche betriebswirtschaftliche Effekt erzielt werden.

Der Betriebsrat war in dieser Zeit nicht nur Verhandlungsführer für die Belegschaft, sondern auch Mediator zwischen allen unterschiedlichen Interessen und wurde zusätzlich durch einen Rechtsanwalt als Sachverständigen unterstützt, dessen hauptsächliche Arbeit auf die Prüfung der Vereinbarungen auf Formulierungs- und Auslegungsfragen gerichtet war.

Ergebnisse
Neben der Betriebsvereinbarung »Flexible Arbeitszeit« konnte für den Zeitraum 2007 bis 2009 eine Betriebsvereinbarung über Beschäftigungssicherung abgeschlossen werden, einschließlich eines Verzichts auf Outsorcing durch das Unternehmen. Diese beinhaltete den Verzicht auf betriebsbedingte Kündigungen und Subunternehmerschaft für eine private Entsorgungsfirma (die den Auftrag erhalten hatte) bei Sicherung der vorhandenen Arbeitsplätze.

Durch die Beendigung dieser beiden Betriebsvereinbarungen zum gleichen Enddatum (31.12.2009) ergab sich aus Sicht des Betriebsrates für das Jahr 2010 eine gute Startposition für die neuen Verhandlungen, denn das Unternehmen wollte die arbeitgeberseitigen Vorteile der flexiblen Arbeitszeit natürlich weiter nutzen. Dadurch konnte der Betriebsrat Vereinbarungen erzielen, die bei der flexiblen Arbeitszeit ein Problem der meisten Betriebsräte vermeidet: In der geschlossenen Betriebsvereinbarung bleiben die Beteiligung und die Mitbestimmung des Betriebsrates erhalten. Damit wurde einer der stärksten Beteiligungspunkte des § 87 BetrVG nicht an den Arbeitgeber abgetreten.

Gleichzeitig ist es gelungen, ein Dauerstreitthema wie die Karenztageregelung für Arbeitgeber und Arbeitnehmer gleichermaßen anwendbar zu gestalten und mit der Betriebsvereinbarung »Soziale Leistungen« das betriebliche Miteinander zu verbessern.

Aus Sicht des Betriebsrates konnte durch das frühzeitige Erarbeiten von Vorschlägen, ein offensives Vorgehen und die Einbindung eines sachverständigen Juristen ein Ergebnis erzielt werden, das Benachteiligungen für die Arbeitnehmer nachhaltig verhinderte.

Materialien
Materialien finden Sie unter: www.dbrp.de/deutscherbetriebsraete-preis/preis_2010/projekte/swe.php

Projekt »Titanic« – Rettungsboote für Beschäftigte

Betriebsrat der Terex Demag GmbH & Co.KG

Stichworte zum Projekt
- Vereinbarungen eröffnen insbesondere befristet Beschäftigten und Leiharbeitnehmer Perspektive und sichern wirtschaftliche Existenz
- Bindung qualifizierter Mitarbeiter und dadurch Vermeidung hoher Personalwiederbeschaffungskosten bei Anziehen der Konjunktur

Unternehmen/Betrieb:	Terex Demag GmbH & Co.KG, Erfurt
Branche:	Maschinenbau
Zahl der Mitarbeiter:	ca. 2400
Gewerkschaft:	IG Metall

Motiv

Terex Demag, Hersteller von Baumaschinen, die weltweit vertrieben werden, verzeichnete im Rahmen der Wirtschafts- und Finanzkrise einen massiven Auftragsrückgang. Mit der Stornierung waren akut zahlreiche Arbeitsplätze im Unternehmen vor allem bei den Leiharbeitnehmern bedroht. Um der Gefahr vorzubeugen, in der Krise qualifizierte Mitarbeiter zu verlieren, entwickelte der Betriebsrat ein Projekt, das insbesondere für die Beschäftigten Lösungen und Maßnahmen bereithielt. Denn, so eine zentrale Argumentation, qualifizierte Mitarbeiter sind knapp am Markt und eine Wiederbeschaffung ist nur mit hohem finanziellem Aufwand für das Unternehmen möglich.

Vorgehen

Ziel des Projekts »Titanic« war es, »Rettungsboote« für möglichst viele Beschäftigte, insbesondere für die befristet Beschäftigten und Leiharbeitnehmer, zu schaffen. Um gestärkt aus der Krise hervorzugehen und um bei einem möglichen Anziehen der Konjunktur sofort reaktionsfähig zu sein, war es aus Sicht des Betriebsrates geboten, hohe Personalwiederbeschaffungsmaßnahmen zu vermeiden. Vor diesem Hintergrund nutzten die Arbeitnehmervertreter gezielt die arbeitsmarktpolitischen Instrumente und traten in zum Teil schwierige und langwierige Verhandlungen mit der Unternehmensleitung ein. Im Sommer 2009 starteten die Gespräche und führten schließlich im Januar 2010 zum Abschluss eines Tarifvertrages, auf Grundlage eines erzielten Konsenses zwischen Betriebsrat, Arbeitgeber und IG Metall.

Ergebnisse
Die Ergebnisse der Verhandlungen sind:
- Die 24 Auszubildenden, die 2010 auslernen, werden übernommen
- Die 19 Auszubildenden, die 2011 auslernen, werden ebenfalls übernommen.
- 250 Befristete bleiben an Bord
- 100 dieser Befristeten werden fest eingestellt.
- Alle anderen erhalten über den Ergänzungstarifvertrag mit der IG Metall eine Verlängerung über die 24 Monate hinaus, bis Sommer 2011.
- 350 Leiharbeitnehmer bleiben ebenfalls an Bord.
- Altersteilzeit wird älteren Mitarbeitern bis sechs Jahre lang angeboten.
- Vereinbart wurde außerdem eine Betriebsvereinbarung Kurzarbeit mit Qualifizierungsmaßnahmen.

Materialien

> **Projekt Titanic:**
> **Alle Beschäftigten**
> **bleiben an Bord!**

Weitere Materialien finden Sie unter: www.dbrp.de/deutscherbetriebsraetepreis/preis_2010/projekte/terex_demag.php

Projekt »Blockheizkraftwerk«

Betriebsrat der Volkswagen AG, Werk Salzgitter

Stichworte zum Projekt
- Betriebsrat entwickelt frühzeitig Strategien für die Umsetzung alternativer und nachhaltiger Produktlinien
- Verbindung von ökologischer und sozialer Komponente trägt zum Umweltschutz und zur Sicherung von Arbeitsplätzen bei

Unternehmen/Betrieb:	Volkswagen AG, Werk Salzgitter
Branche:	Motorenwerk
Zahl der Mitarbeiter:	ca. 6100
Gewerkschaft:	IG Metall

Motiv

Wie kann man Auto-Mobilität und Nachhaltigkeit vereinen? Wie sind CO_2-Reduzierung (ökologische Komponente) und Beschäftigungssicherung (soziale Komponente) zu verbinden?

Der Betriebsrat der Volkswagen AG, Werk Salzgitter, entwickelte dazu eine Idee in Zusammenhang mit dem Thema Blockheizkraftwerk (BHKW). Grundlage der Überlegung ist, dass der CO_2-Ausstoß eines Blockheizkraftwerkes um 60 % unter dem der herkömmlichen Wärme- und Stromerzeugung liegt. Damit trägt ein BHKW zur CO_2-Reduzierung bei. Außerdem sichert eine geplante Produktionsstückzahl von 15 000 Stück pro Jahr Arbeitsplätze im Werk Salzgitter ab. Darüber hinaus können Arbeitsplätze an anderen Standorten langfristig gesichert werden.

Vorgehen

In den 80er und 90er Jahren entstand in Strategiearbeitskreisen des Betriebsrates, zusammen mit IG Metall-Vertrauensleuten, die Idee der Entwicklung und Produktion von BHKWs am Standort Salzgitter – einerseits zur Energienutzung direkt am Standort selbst und andererseits zum weltweiten Vertrieb.

Der Durchbruch für das Projekt gelang mit dem Tarifvertrag 2006. Darin wurde vereinbart, dass vom Unternehmen eine »Machbarkeitsstudie für die Entwicklung und Produktion von Blockheizkraftwerken auf Basis der Volkswagen-Motorenpalette« durchgeführt werden sollte. Die Ergebnisse dieser Studie waren positiv.

Ein weiterer Meilenstein war die im September 2009 unterzeichnete Kooperation mit dem Ökostromanbieter »LichtBlick«. Durch ein so genanntes »SchwarmStrom-Konzept«, das mit der Vernetzung von 100 000 BHKWs zwei Atomkraftwerke ersetzen will, ist mit hohen Absatzzahlen zu rechnen. Das belegen auch die bisher rund 35 000 Kundenanfragen, die weltweit bei »LichtBlick« eingegangen sind. Durch diese Kooperation ist es möglich, die bisher geplante Produktion von 10 000 Stück pro Jahr auf 15 000 Stück pro Jahr auszuweiten.

Ergebnisse
Perspektivisch sichert dieser zusätzliche Produktionszweig rund 200 Arbeitsplätze in Salzgitter und weitere 135 Arbeitsplätze in einem Volkswagen-Werk in Sarajevo. Außerdem ist mit zusätzlichen positiven Beschäftigungseffekten an anderen Standorten von Volkswagen zu rechnen.

Ende 2010 endet die Projektphase und die Serienproduktion für die BHKWs beginnt. Zudem werden bereits während der Arbeit an der Pilotlinie Erkenntnisse zum altersgerechten Arbeiten an Industriearbeitsplätzen umgesetzt.

Derzeit wird daran gearbeitet, das BHKW ab 2014 zusätzlich für Einfamilienhäuser anzubieten. Unternehmen und Betriebsrat versprechen sich von dieser Entwicklung weitere positive Auswirkungen auf die Beschäftigung am Standort Salzgitter.

Materialien
Materialien finden Sie unter: www.dbrp.de/deutscherbetriebsraete-preis/preis_2010/projekte/volkswagen_blockheizkraftwerk.php

Stromwechsel-Kampagne

Betriebsrat der Volkswagen AG, Werk Salzgitter

Stichworte zum Projekt
- Betriebsrat unterstützt Wechsel der Belegschaft zu alternativem Energieanbieter und engagiert sich aktiv für Atomausstieg
- Informationskampagne und individuelle Beratung für wechselwillige Kollegen

Unternehmen/Betrieb:	Volkswagen AG, Werk Salzgitter
Branche:	Motorenwerk
Zahl der Mitarbeiter:	ca. 6100
Gewerkschaft:	IG Metall

Motiv

Das Thema Umweltschutz und Energie wird am Volkswagen-Standort Salzgitter gerade durch die besondere Situation vor Ort geprägt. Das atomare Endlager Schacht Konrad, das Forschungsbergwerk Asse und die ehemals zur Endlagerung genutzte Anlage in Morsleben, die sich alle in unmittelbarer Nähe zum Volkswagen-Werk befinden, sind in der umweltpolitischen Diskussion seit Jahren heiß umstritten.

Der Betriebsrat des Unternehmens engagiert sich seit Jahren für den Atomausstieg und nimmt dazu auch aktiv immer wieder Stellung. Vor diesem Hintergrund stieß das »SchwarmStrom-Konzept« des alternativen Energieanbieters »LichtBlick« auf großes und vor allem positives Interesse der VW-Arbeitnehmervertreter. Das Konzept will durch die Vernetzung von 100 000 Blockheizkraftwerken zwei Atomkraftwerke überflüssig machen.

Vorgehen

Der Betriebsrat begleitet dieses Konzept mit einer Stromwechselkampagne. Diese beinhaltet zum einen eine Vereinbarung mit dem Energieanbieter. Danach spendet LichtBlick für jeden gewonnenen Neukunden bei Volkswagen € 20,– für das Straßenkinderprojekt »A chance to play«, das maßgeblich von Volkswagen unterstützt wird.

Zum anderen setzte der Betriebsrat eine unabhängige Stromwechselkampagne unter dem Motto »Dein Einstieg ist unser Ausstieg« auf. Diese soll dazu beitragen, dass durch den Bezug von Strom aus alternativer Energieerzeugung die Reduzierung von Atommüll unterstützt wird.

Das Konzept des Betriebsrates umfasst u. a. einen Flyer und eine Informationskampagne. Diese will, in Zusammenarbeit mit der IG Metall Verwaltungsstelle Salzgitter-Peine, die vier großen Ökostromanbieter EWS Schönau, Greenpeace Energy, LichtBlick und NaturStrom, genauer unter die Lupe nehmen. Anschließend werden die Ökostromanbieter analog der von der Naturschutzorganisation Robin Wood entwickelten Kriterien bewertet und es erfolgt eine Darstellung der aktuellen Preisspannen.

Außerdem geht der Betriebsrat auf die Frage ein, wie ein Stromanbieter ganz praktisch gewechselt werden kann. Erfahrungsgemäß sei der Wechselwille zwar groß, scheitere aber häufig an der konkreten Umsetzung. Dies soll durch konkrete Hilfestellungen und die Informationskampagne geändert werden. Unterstützt wird diese Aktion außerdem durch die Vertrauensleute der IG Metall.

Ergebnisse
Zum Zeitpunkt der Bewerbung um den Deutschen Betriebsräte-Preis 2010 war die Kampagne regional angelegt. Perspektivisch ist aber aus Sicht des Betriebsrates auch eine bundesweite Plattform und Umsetzung denkbar.

Materialien
Materialien finden Sie unter: www.dbrp.de/deutscherbetriebsraete-preis/preis_2010/projekte/volkswagen_stromwechsel.php

Personalentwicklungsmaßnahmen mit und für Betriebsräte gestalten

Betriebsrat der Volkswagen Nutzfahrzeuge

Stichworte zum Projekt
- Feste Integration von Personalentwicklungsmaßnahmen in die Organisation und Arbeit von Betriebsräten
- Themen und Maßnahmen werden durch Betriebsräte selbst erarbeitet, dies stärkt Akzeptanz und Motivation aller Beteiligten

Unternehmen/Betrieb: Volkswagen Nutzfahrzeuge, Hannover
Branche: Automotive
Zahl der Mitarbeiter: ca. 12 500
Gewerkschaft: IG Metall

Motiv
Aus Sicht des Betriebsrates von VW Nutzfahrzeuge besteht ein Ungleichgewicht zwischen den zahlreichen Weiterbildungsangeboten für Mitarbeiter und Manager des Unternehmens und der eher überschaubaren Anzahl von Qualifizierungsmöglichkeiten für Betriebsräte. Um dieses Ungleichgewicht auszugleichen, entwickelte der Betriebsrat neue, beteilungsorientierte Personalentwicklungsmaßnahmen für die Interessenvertretung. Leitsatz der Aktion: Personalentwicklungsmaßnahmen für und mit Betriebsräten gestalten.

Vorgehen
Ziel der Aktion ist, die Personalentwicklung fest in die Arbeit von Betriebsräten zu integrieren. Dazu sollten die Betriebsratsmitglieder intensiv an der Gestaltung beteiligt werden, was gleichzeitig bedeutet, dass diesen kein fertiges Programm vorgesetzt wird, sondern sie aktiv zum Mitmachen motiviert werden, auch um ihre Motivation zu fördern.

Alle Themen wurden daher von den Kollegen in insgesamt fünf Workshops selbst erarbeitet. Damit gelang es, eine offene Diskussion über die bereits vorliegenden Erfahrungen (positive wie negative) in Gang zu bringen und auf dieser Grundlage Schlussfolgerungen über künftige Personalentwicklungsmaßnahmen zu ziehen. Bei der Gestaltung der Maßnahmen sollte nicht alles neu erfunden werden, sondern es wurde eine Bestandsaufnahme in Sachen Qualifizierung durchgeführt. Außerdem beschäftigte sich das Gremium intensiv mit aktuellen Trends und neuesten Entwicklungen in der Qualifizierung.

Die neuen Workshops werden von den Betriebsräten mit geplant und durchgeführt. Die Teamentwicklung startet parallel in kleinen Bereichsteams. Der Grundsatz gilt, dass alle Personalentwicklungs- und Teambildungsmaßnahmen für alle transparent sind. Auf Grundlage dieser Vorläufe wurde dann ein aufeinander aufbauendes Kursmodell für die Personalentwicklung skizziert:

- IG Metall-Kurse
- Orientierungskurse für neue Betriebsräte »Besser ankommen und starten«
- Basiskurs »Kommunikation und Konfliktkultur in der Fraktion – für immer und ewig oder veränderbar?«
- Spezialisierungskurse, beispielsweise zu den Themen »Verhandeln + Überzeugen«, »Zeitmanagement« oder »Jiu Jitsu-Techniken beibehalten oder anders verhandeln nach Harvard?«

Dabei wird darauf geachtet, dass Konzept, Bausteine und Erfahrungen auch auf andere Betriebsratsgremien übertragbar sind.

Ergebnisse
Durch die ersten Workshops zum Thema Personalenwicklung konnte eine höhere Aufmerksamkeit für das Thema erzeugt werden als in der Vergangenheit. Ein Wandel in Richtung mehr persönliche Entwicklung ist eingeleitet und Interessen und Kompetenzen können stärker Beachtung finden. Die Bedeutung von Berufsfähigkeit wird jetzt höher eingeschätzt.

Insgesamt konnte die Beteilung an den Maßnahmen deutlich verbessert werden. Um diese Entwicklung fortzuschreiben, unterstützen u. a. Veröffentlichungen im Betriebsratsinfo diesen Prozess genauso wie Publikationen in externen Fachzeitschriften. Unter dem Stichwort »Transfer« soll kontinuierlich über die aktuellen Entwicklungen unterrichtet werden.

Materialien
Materialien finden Sie unter: www.dbrp.de/deutscherbetriebsraete-preis/preis _2010/projekte/volkswagen_nutzfahrzeuge.php

Umstrukturierung und Beschäftigungssicherung in Tageszeitungsredaktionen

Betriebsräte der Unternehmen Zeitungsverlag Ruhrgebiet GmbH (WAZ), Zeitungsverlag Niederrhein (NRZ), Zeitungsverlag Westfalen (WR) und Westfalenpost (WP)

> *Stichworte zum Projekt*
> - Geplante Umstrukturierungen enthielten Planungen für Standortschließungen und betriebsbedingte Kündigungen in großer Zahl
> - Gemeinsame Verhandlungen und abgestimmtes Vorgehen aller vier Betriebsräte ermöglichten Sozialplan und sozialverträgliche Regelungen für verschiedene Berufsgruppen und Standorte
>
> *Unternehmen/Betrieb:* Zeitungsverlag Ruhrgebiet GmbH & Co Essen KG WAZ GmbH, Zeitungsverlag Niederrhein, Zeitungsverlag Westfalen, Dortmund, Westfalenpost, Hagen
> *Branche:* Medien/Redaktionen
> *Zahl der Mitarbeiter:* ca. 870
> *Gewerkschaft:* ver.di

Motiv

Die Zeitungsgruppe WAZ gibt im Ruhrgebiet vier Regionalzeitungen heraus. Dort waren Mitte 2008 rund 870 Redakteure und Angestellte fest beschäftigt. Im September 2008 kündigte die Geschäftsführung an, aus Kostengründen 300 der 870 Stellen in den Mantel- und Lokalredaktionen der vier Tageszeitungen zu streichen.

Vorgehen

Schon nach diesen ersten vagen Ankündigungen aus der Konzernspitze stand für die vier Betriebsräte fest, dass sie gegen die absehbaren betriebsbedingten Massenkündigungen nur gemeinsam vorgehen konnten. Anfang Dezember 2008 erhielten sie erstmals detaillierte Informationen über das Ausmaß des geplanten Personalabbaus, der bis April 2009 erfolgen sollte. Geplant waren u. a. die Schließung ganzer Standorte und betriebsbedingte Kündigungen in großer Zahl.

Mit Hilfe von drei externen Sachverständigen, in enger Zusammenarbeit der Gremien und unter ständigen Einbeziehung der Beschäftigten wurden intensive Verhandlungen mit der Arbeitgeberseite geführt.

Ergebnisse
Dabei wurden folgende Ergebnisse erzielt:
- Ein Sozialplan beinhaltet Regelungen über das freiwillige Ausscheiden in Verbindung mit der Zahlung von Abfindungen, Vereinbarungen zur Altersteilzeit und eine individuelle Teilzeit-Regelung.
- Die geplante Entlassung der rund 50 angestellten Bildredakteure von WAZ und Neue Rhein-/Ruhr-Zeitung wurde verhindert. Dabei stimmte die Geschäftsführung dem Konzept der Betriebsräte zu, das erfahrene und hoch qualifizierte »Experten-Team« als eigenständige Bildagentur innerhalb der Online-Redaktion im Konzern fortzuführen.
- Auf Initiative der Betriebsräte vereinbarte die Konzernleitung die unbefristete Tarifbindung für eine neu gegründete WAZ GmbH.
- Vereinbart wurde schließlich auch, dass die vier Betriebsratgremien trotz der erheblichen Personalreduzierungen und -wechsel über Titelgrenzen hinweg zuständig und im Amt blieben bis zum Neuwahl-Termin im März 2010. Damit war gewährleistet, dass die Interessen der Beschäftigten, die in andere Konzernbereiche wechselten, weiterhin vertreten werden konnten.
- Erarbeitet wurde ein Monitoring, das über drei Jahre die Auswirkungen der neuen Arbeitsstrukturen, des Personalabbaus sowie die wirtschaftliche Effektivität der gesamten Umstrukturierungen transparent machen.

Insgesamt erreichten die vier Betriebsräte so, dass die Verlagsleitung Anfang Dezember 2008 ankündigte, dass der Stellenabbau doch möglichst sozialverträglich erfolgen solle. Bis heute wurde keine einzige Kündigung ausgesprochen.

Materialien
Materialien finden Sie unter: www.dbrp.de/deutscherbetriebsraete-preis/preis_2010/projekte/zeitungsverlag_ruhrgebiet_westfalen

Stichwortverzeichnis

Aktiengesetz 120
Alternativer Energieanbieter 194
Altersgerechte Arbeitsplätze 89
Altersstrukturanalyse 62
Altersteilzeit 62, 182, 191
Altersteilzeit, geförderte 136
Altersteilzeit, gesetzliche 136
Altersvorsorge 82
Arbeitnehmerüberlassung 66
Arbeits- und Gesundheitsschutz 164, 172
Arbeits- und Sozialrecht 140
Arbeitsausschuss 33
Arbeitsorganisation 160
Arbeitsplatzabbau 64
Arbeitsplatzsicherung 84
Arbeitsschutz 32
Arbeitsschutzgesetz 139, 179
Arbeitsverdichtung 104
Arbeitsverhältnis
– befristetes 142
– unbefristetes 81
Arbeitszeit 84, 122
– tarifliche 71, 85
Arbeitszeitflexibilisierung 81, 122
Arbeitszeitgestaltung 160
– flexible 126
Arbeitszeitkonto 96, 162
Arbeitszeitorganisation 81
Arbeitszeitsouveränität 123
Ausbildung 144
Ausgliederung 68
Austauscher 66

Befragung 180
Befristet Beschäftigte 176, 177, 190
Belegschaftsinitiative 46
Beltquerung 168
Berufseingliederung 114
Berufsvorbereitungsjahr 144
Beschäftigung 80
– dauerhafte 29
Beschäftigungs- und Qualifizierungsgesellschaft 120
Beschäftigungs- und Standortsicherung 23
Beschäftigungs- und Standortsicherungsvertrag 80
Beschäftigungsfähigkeit 114
Beschäftigungssicherung 18, 23, 118, 182, 198
Betreuungsangebot 102
Betriebliche Altersversorgung 82
Betriebliche Interessenvertretung 94
Betriebliches Eingliederungsmanagement 114, 127, 150
Betriebliches Vorschlagswesen 130
Betriebsbedingte Kündigung 57f., 85f., 100f., 113, 118, 166, 175, 177, 198
Betriebskindergarten 102
Betriebsklima 184
Betriebsorganisatorisch eigenständige Einheit (beE) 183
Betriebsratsloser Standort 94
Betriebsratswahl 2010 92

Betriebsübergang 87, 148
Betriebsvereinbarung 23, 28f., 33, 84, 96, 106, 113, 122ff., 127, 136ff., 149, 158, 162, 177ff., 182
– europäische 172
Betriebsversammlung 131, 157
Blockheizkraftwerk 192
Burnout 164

Christliche Gewerkschaft 29, 108

Demografische Entwicklung 82
Demografischer Wandel 61, 104
Die Linke 159
Dienstplangestaltung 161
Dienstplanung 122
Direktzusage 82

Einigungsstelle 106, 138
Einigungsstellentätigkeit 71
Einigungsstellenverfahren 160, 161, 166
EntgeltRahmenAbkommen 24
Entgeltverzicht 84
Entlohnungsmodell, erfolgsabhängiges 124
Erfolgsbeteiligung 85
Erfolgsfaktor Familie 62
Ergebnisbeteiligung 59
Europäischer Betriebsrat 134

Fachkräfte 66, 68
Fahrdienst 160
Familie und Beruf 122
Familienfreundlichkeit 62
Fehlzeiten durch Erkrankung 88
Fehmarnbeltquerung 168
Finanzierung 68
Flexibilisierung 96

Fonds für Härtefälle 186
Forderungskonzept 177
Fortbildung 68, 156
Freistellungszeiten vor Renteneintritt 146

Gefährdungsanalyse 33, 138
Gefährdungsbeurteilung 138
– ganzheitliche 178
Gestaltung der Arbeitsbedingungen 180
Gesunde Arbeit 33
Gesundheit 104
Gesundheitsförderung 62, 88
– betriebliche 89
Gesundheitsfürsorge 116, 178
Gesundheitsmanagement 33, 104, 178
– betriebliches 59, 164
Gesundheitsreform 132
Gesundheitstag 150
Gesundheitsvorsorge 104
Gesundheitszirkel 116
Gläubiger-Schutzverfahren 56
Gründung eines Betriebsrates 95, 148
Gute Arbeit 180

Handelsschuh 154
Härtefonds 170
Hauptschulabgänger 144
Haustarifvertrag 108, 152, 158

Ideenfindung 131
Informationssammlung 140
Informationsveranstaltung 133
Insolvenz 45
Insolvenzantrag 65
Insourcing-Maßnahme 23
Integrationsteam 127

Stichwortverzeichnis

Interessenausgleich 71, 120
Interessenausgleich und Sozialplan 45, 86, 182

Kleinstfilialstruktur 94
Klimabeauftragte 184
Kommunikation 98, 128, 197
Kompetenzentwicklung 49, 110
Kompetenzmanagement 62
Konfliktberatung 128
Konzernbetriebsvereinbarung 85
Kündigung von Betriebsräten 109
Kündigungsschutz 153
Kurzarbeit 23, 67, 70f., 78, 86, 162, 166, 170, 182
Kurzarbeitergeld 85, 171

Langzeitkonto 24, 146
Langzeitkranke 32
Lebensarbeitszeit 104
Lebenslanges Lernen 110, 156
Leiharbeit 16
Leiharbeitnehmer 28, 66, 142, 166, 190
Logistik 174
Lohndumping 16, 18
Lohnkürzung 175
Lohnverlust 67

Manteltarifbindung 183
Minuskonto 162
Mitarbeiter ausländischer Herkunft 94
Mitarbeiterbefragung 40, 88
Mitarbeiterbeteiligung, aktive 179
Mitbestimmungsrecht 166
Mobbing 164
Mobilisierung 70

Motivation 40, 153
– der Mitarbeiter 180

Netzwerke 120, 121

Öffentlichkeit 132, 176, 177
Öffentlichkeitsarbeit 98, 153, 179
Outsourcing 101

Pensionskasse 65
Personalabbau 86
Personalentwicklungsmaßnahme 196
Pilotprojekt 126
Prämienentgelt 152
Prävention 150
Präventive Maßnahmen 88
Privatisierung 158
Produktlinie, alternative 192
Professionalisierung der Arbeit 50
Professionalisierung des Betriebsrates 49
Projektmanagement 50
Psychische Belastung 138, 178

Qualifikation 78, 90
Qualifizierung 58, 110, 120, 156, 162
Qualifizierungskonzept 90
Qualifizierungsmaßnahme 24, 78, 80, 119, 162
Qualifizierungsmöglichkeit für Betriebsräte 196
Qualifizierungsvereinbarung 153
Qualität 78

Recht auf Bildung 163
Reduzierung der Arbeitsplätze 45
Regelabrede 127
Regelbetrieb 126
Rente mit 67 146

Rettungsboote für Beschäftigte 190
Runder Tisch 84

Sabbatical 24
Schichtarbeiter 96
Schließung eines Standorts 100
Solidarität 176
Sozialpartnerschaftlicher Ansatz 114
Sozialplan 46, 70f., 87, 120, 198
Sport 88
Stammbelegschaft 80, 142
Standort- und Beschäftigungsgarantie 176
Standort- und Beschäftigungssicherung 112
Standort- und Zukunftssicherungsvertrag 58
Standortgarantie 56
Standortnachteil 80
Standortschließung 56, 198
Standortsicherung 56, 100, 120
Steuerungsgruppe 164
Stromwechsel-Kampagne 194

Tarifliche Altersvorsorge 147
Tarifbindung 17, 59
Tarifvertrag 56, 66, 67, 112
– zur Arbeitnehmerüberlassung 66

Teilzeitarbeit 24
Transfergesellschaft 87
Transnationale Betriebsratsarbeit 134

Umstrukturierung 198
Umweltschutz 194
Unfallvermeidung 154
Unkündbare 166
Unternehmensleitung 64
Urlaub 106

Variable Gehälter 122
Vereinbarkeit von Beruf und Familie 102, 156
Verlagerung 70

Wahlbeteiligung 93
Wahlverfahren, vereinfachtes 148
Weiterbeschäftigung 150
Weiterbildung 49, 58, 59, 68, 90
Wiedereingliederung 114
Workshop 126, 179

Zeitarbeitnehmer 166
Zeiterfassung 127
Zeitwertkonto 24

Firmenverzeichnis

Alfing Montagetechnik GmbH 78
ANDREAS STIHL AG & Co. KG 80
Audi Akademie GmbH 82
August Koehler AG 84
Automotive Structure and Components – Deutschland GmbH 86

Basell Polyolefine GmbH 56
BASF Services Europe GmbH 88
B. Braun Melsungen AG 58, 90, 92
Berlitz Deutschland GmbH 94
Broschek Service GmbH 96

Conrad Schulte GmbH & Co. KG 98

Deutsche BP AG; Erdölraffinerie Emsland 100, 102, 104
Deutsche Post AG NL BRIEF Nürnberg 106
DRK Blutspendedienst West gGmbH Zentrum Münster 108

EADS Deutschland GmbH 61
E.G.O. Elektrogerätebau GmbH 110
ENSO Energie Sachsen Ost AG 112
Ernst Kratz KG 64
Esprit Europe GmbH 40
Evonik Power Saar GmbH 114, 116

Festo AG & Co.KG 118
FRIWO AG 120

Gewoba AG Wohnen und Bauen 32
GDV Dienstleistungs-GmbH & Co. KG 122

Happich Fahrzeug- und Industrieteile GmbH 45
Heinrich Wagner Sinto Maschinenfabrik GmbH 66
Hogg Robinson Germany GmbH & Co. KG 124

IBENA Textilwerke GmbH 28
Impress-Verpackungen Erftstadt GmbH & Co. KG 68
Internationaler Bund 126

K+S Aktiengesellschaft, Standort Kassel 128
Klinikum Peine gGmbH 130
Klinikverbund Lörrach/Rheinfelden/Schopfheim 132
Krones AG 23
Kühne + Nagel 134
KWS SAAT AG 136

Mahle GmbH 138
Malzer's Backstube & Scherpel Brot 140
Manitowoc-Crane-Group Germany GmbH 142
mdexx GmbH 70
Merck KgaA 144, 146
Mikrobiologisches Laboratorium 148

North Sea Terminal Bremerhaven GmbH & Co. 150

Prüm Türenwerk GmbH 152

REWE Markt GmbH/Penny-Markt GmbH 154
RTG Telefonservice GmbH 156

Saarbahn GmbH 158
Saar-Pfalz-Bus GmbH 160
Salzgitter Flachstahl 162
Sandoz Pharmaceuticals GmbH 164
SAXAS Nutzfahrzeuge Werdau AG / FZL Werdau 166
Scandlines Deutschland GmbH 168
Schlecker – Bezirk Fürth/Herzogenaurauch 16
Schlecker – Bezirk Mayen 16
Schmitz Cargobull AG 170
Schott AG 172

Schwab Versand GmbH 174
Sell GmbH 176
SICK AG 178
Siemens AG NL Hannover 180
Siemens VAI Metals Technologies GmbH 182
SMA Solar Technology AG 184
Stadtwerke Hannover AG 49
Stadtwerke Osnabrück AG 186
SWE Stadtwirtschaft GmbH 188

Terex Damag GmbH & Co.KG 190

Volkswagen AG, Werk Salzgitter 192, 194
VW Nutzfahrzeuge 196

Zeitungsverlag Ruhrgebiet GmbH/ WAZ GmbH 198
Zeitungsverlag Westfalen 198

Kompetenz verbindet

Thomas Klebe / Jürgen Ratayczak / Micha Heilmann / Sibylle Spoo

Betriebsverfassungsgesetz

Basiskommentar mit Wahlordnung
16., aktualisierte und überarbeitete Auflage
2010. 743 Seiten, kartoniert
€ 32,–
ISBN 978-3-7663-3999-7

Der Basiskommentar ist das bewährte Handwerkszeug für jedes Betriebsratsmitglied. Leicht verständlich und prägnant erläutert er das gesamte Betriebsverfassungsrecht und bringt die Rechtsprechung auf den Punkt. Der Benutzer erhält zu vielen Einzelfällen einen Überblick über den gegenwärtigen rechtlichen Stand, die Meinung der Rechtsprechung und – wenn nötig – eine arbeitnehmerfreundliche Empfehlung der Autoren.

Dieser Basiskommentar ist Pflicht für alle, die sich täglich mit Fragen des Betriebsverfassungsgesetzes beschäftigen. Sie finden hier schnell und rechtssicher alle Informationen, die Sie für Ihre Arbeit benötigen.

Zu beziehen über den gut sortierten Fachbuchhandel oder direkt beim Verlag unter E-Mail: kontakt@bund-verlag.de

Bund-Verlag

Kompetenz verbindet

Christian Schoof

Betriebsratspraxis von A bis Z

Das Lexikon für die betriebliche Interessenvertretung
9., überarbeitete und aktualisierte Auflage
2010. 1.728 Seiten, gebunden mit CD-ROM
€ 49,90
ISBN 978-3-7663-3978-2

Der »Schoof« ist aus der Praxis der Betriebsratsarbeit nicht mehr wegzudenken. Das bewährte Lexikon liefert praktische Hilfen zur Lösung der Fragen, die im betrieblichen Alltag auftreten. Es informiert über die Aufgaben, Rechte und Handlungsmöglichkeiten des Betriebsrats. Zugleich erfahren Beschäftigte genau, welche Rechte und Pflichten sie haben.

Auch für Nichtjuristen sind die Erläuterungen zu den jeweiligen Begriffen und Fallgestaltungen gut verständlich. Sie werden ergänzt durch zahlreiche Checklisten, Musterschreiben und Übersichten. Die Neuauflage berücksichtigt den Gesetzesstand bis Ende Januar 2010.

Zu beziehen über den gut sortierten Fachbuchhandel oder direkt beim Verlag unter E-Mail: kontakt@bund-verlag.de

Bund-Verlag